Wilhelm Matull
Reise nach Ostpreußen, Westpreußen und Danzig

Wilhelm Matull

Reise nach Ostpreußen, Westpreußen und Danzig

Wiedersehen mit der Heimat heute

Gräfe und Unzer Verlag München

Die Fotos auf dem Einband zeigen:
das neuerbaute Planetarium in Allenstein (links oben),
das Mottlauufer in Danzig mit dem Krantor (links unten),
den Dom zu Frauenburg (rechts oben) und
die Haffküste der Frischen Nehrung hinter Neutief (rechts unten).

Bildquellen:
Bavaria 15 unten, 16 unten, 47, 87 unten, 93, 94, 96.
dpa 13, 14, 40 unten, 95 unten.
Eismann 15 oben, 16 oben, 26 links oben,
26 links unten, 28, 38 oben, 39, 40 oben, 59, 60, 69,
70 oben, 95 oben.
Gräfe und Unzer Archiv Einband rechts oben.
Kürtz 71, 72 rechts oben, 85.
Matull Einband links unten, 48 unten, 70 unten,
87 oben, 88 oben.
Mauritius Einband rechts unten, 25, 26 rechts unten,
27, 37, 38 unten, 45 oben, 46 oben.
Ullstein 26 rechts oben.
Weldt Einband links oben, 45 unten, 46 links und rechts
unten, 48 oben, 57, 58, 72 links oben, 72 unten, 86,
88 unten.

4. Auflage
Nachdruck, auch auszugsweise, ohne ausdrückliche
Genehmigung des Verlags nicht gestattet.
© by Gräfe und Unzer GmbH, München.
Redaktion: Antje Schunka, München.
Einbandgestaltung: Horst Pfeufer, Donauwörth.
Gesamtherstellung: Kösel, Kempten.
ISBN 3-7742-3609-7

Inhalt

Wilhelm Matull, geboren 1903 in Königsberg/Pr., studierte Geschichte, Germanistik, Musikwissenschaft und Pädagogik in Königsberg und München, war von 1928 bis 1933 Kunstkritiker und Redakteur an der »Königsberger Volkszeitung«. Ab 1945 Volkshochschuldirektor in Hannover, leitete er von 1954 bis 1968 staatliche Einrichtungen für politische Bildung in Hannover, Bonn und Düsseldorf, zuletzt als Ministerialrat. Er erhielt das Bundesverdienstkreuz I. Klasse, die Mercator-Plakette der Stadt Duisburg und ist Ehrenvorsitzender des Ost- und Mitteleuropäischen Arbeitskreises im Lande Nordrhein-Westfalen.

Über dieses Buch

Ungezählte Ostpreußen haben sich im Verlauf der letzten dreißig Jahre Gedanken darüber gemacht, was aus ihrer Heimat geworden ist, seit sie sie verlassen mußten. Auch ein Verlag, der in 250jähriger Tradition mit dem Land zwischen Weichsel und Memel verbunden ist und der sich bemüht hat, die Erinnerung daran in zahlreichen Veröffentlichungen wach zu halten, ist bestrebt, das Heute ebenso wie das Gestern zu erkunden.

So ist dieser Bericht einer Reise nach Ostpreußen, Westpreußen und Danzig zwingende Notwendigkeit geworden. Er soll zeigen, daß es heute ohne besondere Schwierigkeiten möglich ist, in die ehemals östlichste Provinz Deutschlands zu gelangen, und er will darstellen, was den Besucher dort erwartet.

Dreißig Jahre sind nur ein kurzer Augenblick im Verlauf der Weltgeschichte, eine lange Zeit aber im Leben eines Menschen. Sie reichen nicht aus, das Leid eines grausamen, zerstörenden Krieges vergessen zu lassen. Wohl aber heilen die Wunden, Neues wird geschaffen, eine neue Generation wächst heran, die vieles mit anderen Augen sieht.

Wie die aus ihrer Heimat vertriebenen ostdeutschen Landsleute, so waren auch Polen gezwungen, ihre angestammte Umgebung zu verlassen und sich ein neues Zuhause aufzubauen. Was sie aus dem Hinterlassenen gemacht, wie sie es verändert haben, das soll in diesem Buch erkundet, beschrieben und in neuesten Fotos gezeigt werden.

Tausende von Kilometern geht es kreuz und quer durch das Land, das heute unter polnischer Verwaltung ist, von der Frischen Nehrung bis Masuren, von Pommern bis zur russischen Grenze, die leider als unüberwindliches Hindernis den Weg in einige wesentliche Teile Ostpreußens versperrt. Landschaften erscheinen altvertraut, manche Stadt zeugt von fleißigem Wiederaufbau, so die besonders eindrucksvolle Restaurierung Danzigs, doch auch auf Enttäuschungen muß man gefaßt sein.

Eines aber vor allem will dieser Bericht nicht, in wehmutvoller Erinnerung anklagen. Er will vielmehr zeigen, daß auch die erschütterndsten Ereignisse ihrer Überwindung bedürfen, wozu nur die Bereitschaft der Menschen über die Grenzen hinweg imstande ist.

Wer sich nun gleichfalls auf die Reise begeben will, um das ehemalige Ost- und Westpreußen wiederzusehen oder kennenzulernen, der findet am Schluß dieses Buches die notwendigen reisetechnischen Informationen. Damit wird es über Beschreibung und Erlebnisbericht hinaus Führer zu einem nicht mehr so fernen lohnenden Reiseziel.

Mit welchen Gefühlen?

Endlich ist es soweit! Das Visum wurde erteilt, alle technischen Reisevorbereitungen sind getroffen, morgen in aller Frühe soll die Autofahrt in die östlichen europäischen Gefilde beginnen.

Noch ahne ich nicht, daß es innerhalb Jahresfrist zwei Reisen von nahezu zweimonatiger Dauer und mehr als 10 000 Kilometern werden: Die erste geht über Frankfurt an der Oder nach Posen, von dort ins Schlesische und nach Oberschlesien, weiter über Krakau, Tschenstochau bis Warschau und dann ins Ostpreußische; Westpreußen, Danzig und Pommern werden zu letzten Wegstationen. Die zweite Reise beginnt in Stettin, nimmt gründlich Pommern wahr, um via Danzig eingehend ins West- und Ostpreußische, sodann über Graudenz und Thorn nach Posen und Frankfurt an der Oder zu führen.

In den beiden letzten Jahrzehnten habe ich als Leiter internationaler Studentenseminare halb West- und Südeuropa besuchen können, angefangen mit Luxemburg, Brüssel und Paris, dann Genf und Wien, auch Belgrad und Bukarest, wiederholt Italien. Nun ist der Osten an der Reihe.

Mit welchen Gefühlen tritt man diese Fahrt an? Was wird man sehen, wem begegnen, was wird man wiedererkennen, was wird fremd sein? Überhaupt – wird eine solche Reise ein Risiko, gar eine Enttäuschung oder ein tief bewegendes Erlebnis werden?

In der Nacht vor der Abfahrt kann ich keinen Schlaf finden. Es ist ja nicht eine der schon gewohnten Exkursionen in fremde Länder. Ich werde meine Heimat wiedersehen!

Heimat – welche Empfindungen steigen bei diesem Wort herauf? Wo man geboren wurde, wo charakteristische Landschaft und ebensolche Menschen einen geprägt haben, wo man zur Schule ging, seine Kinderschuhe austrat, die Universität frequentierte, die ersten Liebesgefühle empfand, sich in der Presse gedruckt sah und dann selber Zeitung machte, wo man ... Das ist dreißig, vielfach sogar vierzig Jahre her!

In den ersten drei Lebensjahrzehnten war ich hier zu Hause – in der Vaterstadt Königsberg, an der Ostseeküste, in den Wäldern und an den Seen Masurens. Ich habe Westpreußen, wiederholt Danzig und auch Pommern besucht. Die Muttersprache, menschliche Beziehungen, Sitten und Gebräuche, Schulkameraden, Freunde in der Jugendbewegung, Vorbilder geschichtlicher und lebender Persönlichkeiten, Landschaft und gesellschaftliche Prozesse, kurzum die Summe aller Erlebnisse und Erfahrungen dieser Jahre hat eine formende heimatliche Gesamtwirklichkeit entstehen lassen.

Dieses Geborgen-, ja Beglücktsein, das nicht nur emotionaler Natur war, wurde durch die Vertreibung in die Fremde in Frage gestellt. Ich habe mich wie alle meine Landsleute andernorts anpassen, eingewöhnen müssen, habe im Verlauf der letzten zwanzig Jahre im anfänglich als profillos empfundenen Düsseldorf Wurzeln zu schlagen versucht und gelernt, selbst dem Kohlenpott noch Reize abzugewinnen. Kann man denn neue Heimat finden? Mit welchen Augen wird man die einst vertraute anschauen?

In den Wachträumen dieser letzten Nacht vor der Reise ins Ungewisse tauchen viele Bilder auf. Ich schlendere durch die Straßen Königsbergs, lagere am Ostseestrand bei Cranz oder an der Steilküste Warnickens, stapfe über die Dünen der Kurischen Nehrung oder wandere – wie zu dutzenden Malen – durch die urtümliche Landschaft Masurens. Ich atme die trockene frische Luft des Ostens und glaube, wieder dort zu sein.

Auf nach Stettin!

Einst erreichte man von Berlin in gut zwei Stunden Pommerns Hauptstadt Stettin. Von dort aus war es nur noch ein Katzensprung zu den bei den Berlinern so beliebten Seebädern Swinemünde, Ahlbeck, Heringsdorf oder Bansin und in östlicher Richtung weiter nach Misdroy, Dievenow, Cammin, Rewal und Horst.

Jetzt zuckelt man von Helmstedt aus stundenlang im vorgeschriebenen 100-Kilometer-Tempo auf der tristen Autobahn mit ihren langweiligen Sprüchen an jeder Brückenüberführung. Unweit Magdeburgs geht es vorbei und um den Berliner Ring herum. Man hat Zeit genug zum Nachdenken über die wechselvolle jüngere deutsche Geschichte.

Diesmal haben wir an den Grenzen durch Deutschland Glück: keine ungewöhnlichen Wartezeiten, kaum Kontrollen. Bei den Polen gibt es eine bevorzugt höfliche Abfertigung. 17 Kilometer vor Stettin erreichen wir den polnischen Grenzübergang, und bald kommt »die Mutter der Städte im Pommernlande« in Sicht.

Da ist Stettin an der Oder! Bereits im 12. Jahrhundert wurde der breite Strom für Salz- und Heringstransporte genutzt. Pommersche Herzöge residierten hier, am Ende des Dreißigjährigen Krieges saßen Schweden in Stettin, seit 1720 die Preußen, 1945 die Russen und ...

Als um Berlin noch gekämpft wurde, erschienen nach dem Fall des durch Bombenangriffe und Endkämpfe wüst zerstörten Stettin (Szczecin) hier polnische Beauftragte. Bald zogen sie sich aber nach Stargard zurück, und die russische Militärkommandantur richtete eine deutsche Selbstverwaltung ein. Die früheren Einwohner begannen zurückzuströmen, zur Jahresmitte 1945 lebten in Stettin etwa 85 000 Deutsche. Am 3. Juli desselben Jahres entschied die UdSSR, daß Stettin nicht zu Ulbrichts Machtbereich, sondern zu Polen gehöre. So wurde Stettin zu einer der wichtigsten Hafen- und Industriestädte Polens mit heute 385 000 Einwohnern, bald ebensoviel wie zu deutschen Zeiten.

Unser Domizil sind die Orbis-Hotels »Continental«, in der früheren Lindenstraße, und »Arkona«, am Hafen – dicht neben dem würdig restaurierten Rathaus – gelegen. Von hier aus gewinnt man einen ersten Rundblick auf den Hafen, das Schloß und die grandiose Hakenterrasse.

Der Hafen ist modernisiert worden, seine Becken wurden vertieft, so daß heute nur noch die allergrößten Pötte im 60 Kilometer entfernten Swinemünde (Świnoujście) geleichtert werden müssen. Wohin man schaut, erblickt man Kräne, Masten, Schornsteine, Kais, Schuppen und Schiffe aller Größen. Wenn man den Aufgang zur Hakenterrasse emporgeklettert ist, wird der Umblick noch fesselnder. Das Schloß ist weitgehend restauriert worden, wenn auch mit neu stilisierten Zutaten versehen, die Neu-Renaissance-Bauten an der Hakenterrasse sind wiederhergestellt und dienen als Sitz der Wojewodschaftsverwaltung, als Seefahrtschule und als Museum.

Ein anschließender Spaziergang führt an den sogenannten Professorenhäusern vorbei zu Stettins Kirchen, zu Peter und Paul, zur Johanniskirche und vor allem zu der noch im Restaurierungszustand befindlichen großen Jakobikirche an der früheren Breiten Straße. Viel positive Aufbauarbeit ist hier geleistet worden.

Stettins Altstadt hatte der Bombenkrieg arg verwüstet. Auch hier ist Neues entstanden. Man registriert das Berliner Tor, nimmt Grünanlagen mit Blumenschmuck zur Kenntnis, verweilt vor den Auslagen des Kaufhauses »Cepelia«. – Abends sitzt man in Restaurants mit anderen Gästen beisammen.

Der nächste Tag ist zunächst für Besuch und Gespräch im »Instytut Zachodnio-Pomorski« bestimmt und gilt der Erkundigung nach reichlich vorhandenem und übersichtlich registriertem deutschem Material. Daran schließt sich eine Rundfahrt durch verschiedene Stadtteile Stettins an.

Stettin ist heute eine vitale Stadt ohne architektonisch bemerkenswerte Neuerungen. Hier wachsen Industrie und Schiffahrt, hier wird auf Werften und in Fabriken schwer gearbeitet, gelegentlich auch aufbegehrt. Man richtet sich auf schnelles Wachstum ein. Wir hören neben polnischen auch deutsche Laute, selbst schwedische Stimmen. Zuzeiten kommen aus dem anderen Teil Deutschlands Besucher in großer Zahl herüber, um billig einzukaufen oder in den bekannten Bädern der pommerschen Küste Erholung zu suchen.

Auch uns treibt es dorthin. Über die Oderbrücke fahren wir nach dem 32 Kilometer entfernten Gollnow (Goleniów), einer alten Hansestadt, die gleiche politische Schicksale durchlitten hat wie Stettin. Das spätgotische Wolliner Tor, Reste der alten Befestigung, die Katharinenkirche und Teile der Altstadt bleiben im Gedächtnis. Knapp 50 Kilometer weiter wird Wollin

Bild rechts: Stettins Glanzpunkt, die Hakenterrasse.
Nächste Seite oben: Blick über St. Peter und Paul auf das neue Stettin;
unten: Aussicht vom Hafen auf Stettin.
Übernächste Seite oben: Der Marktplatz in Stolp;
unten: Die berühmte Kathedrale von Cammin.

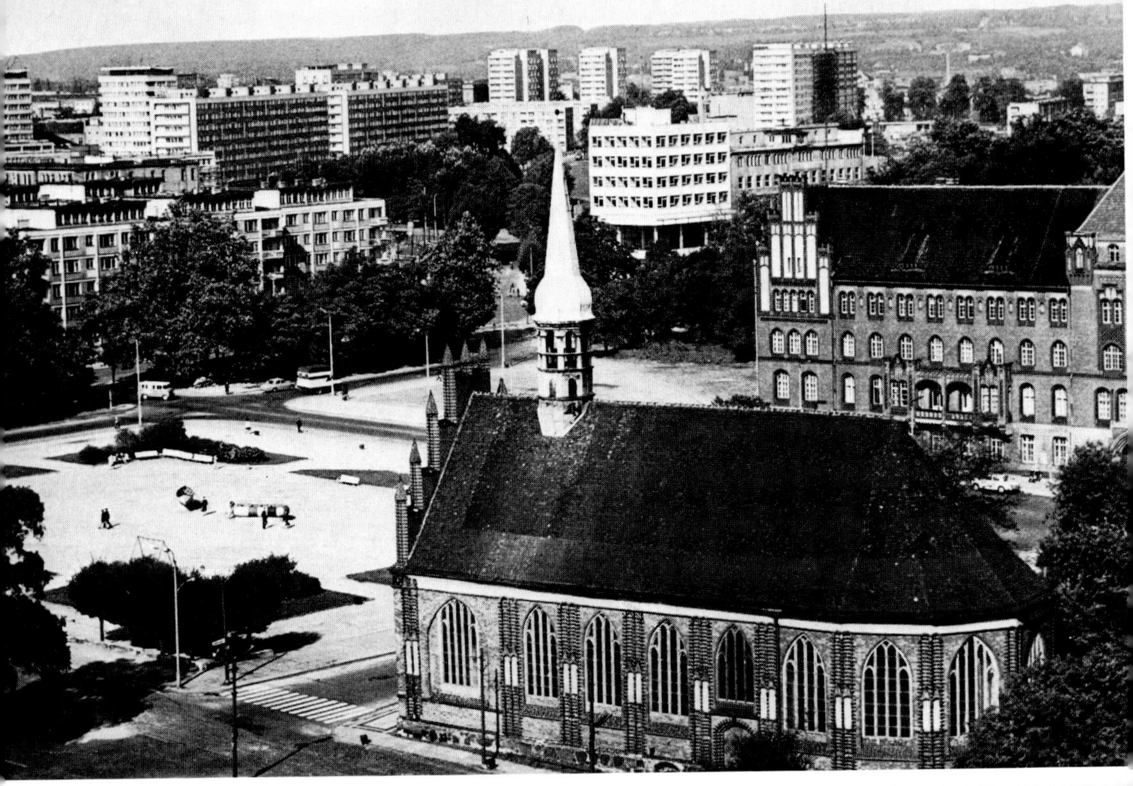

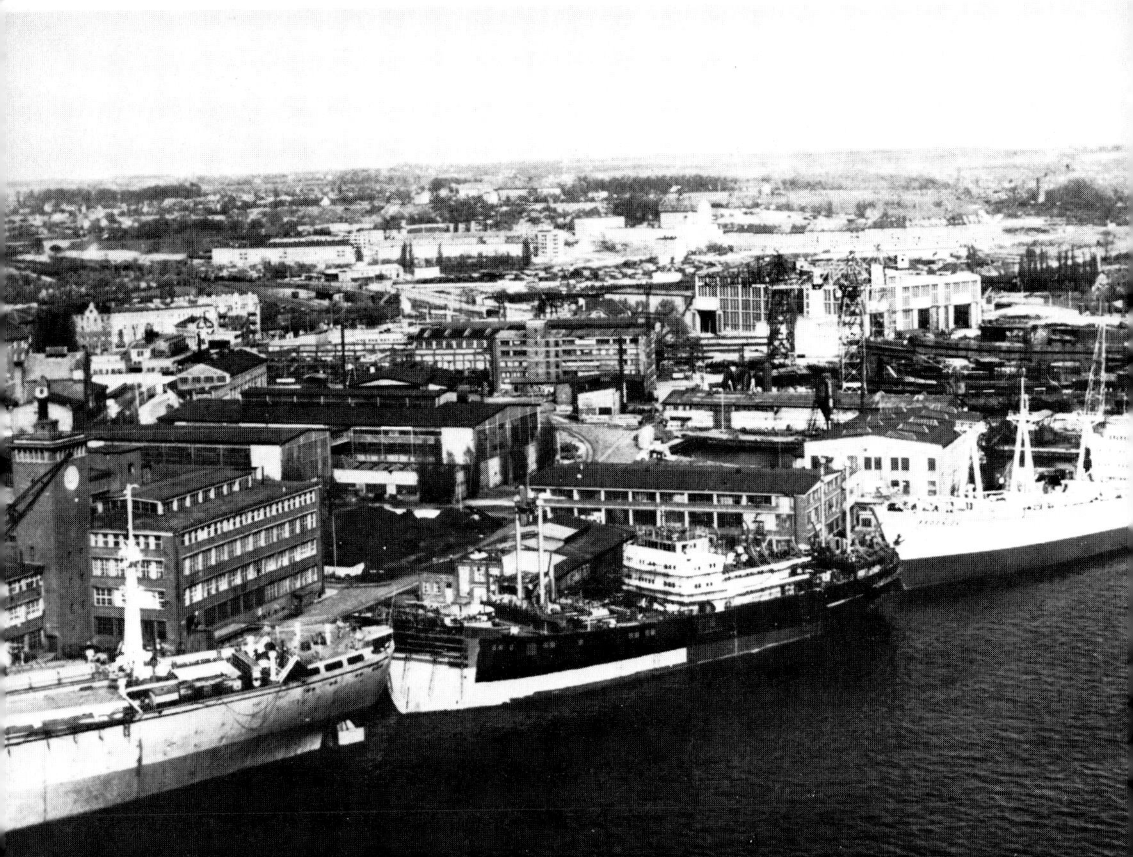

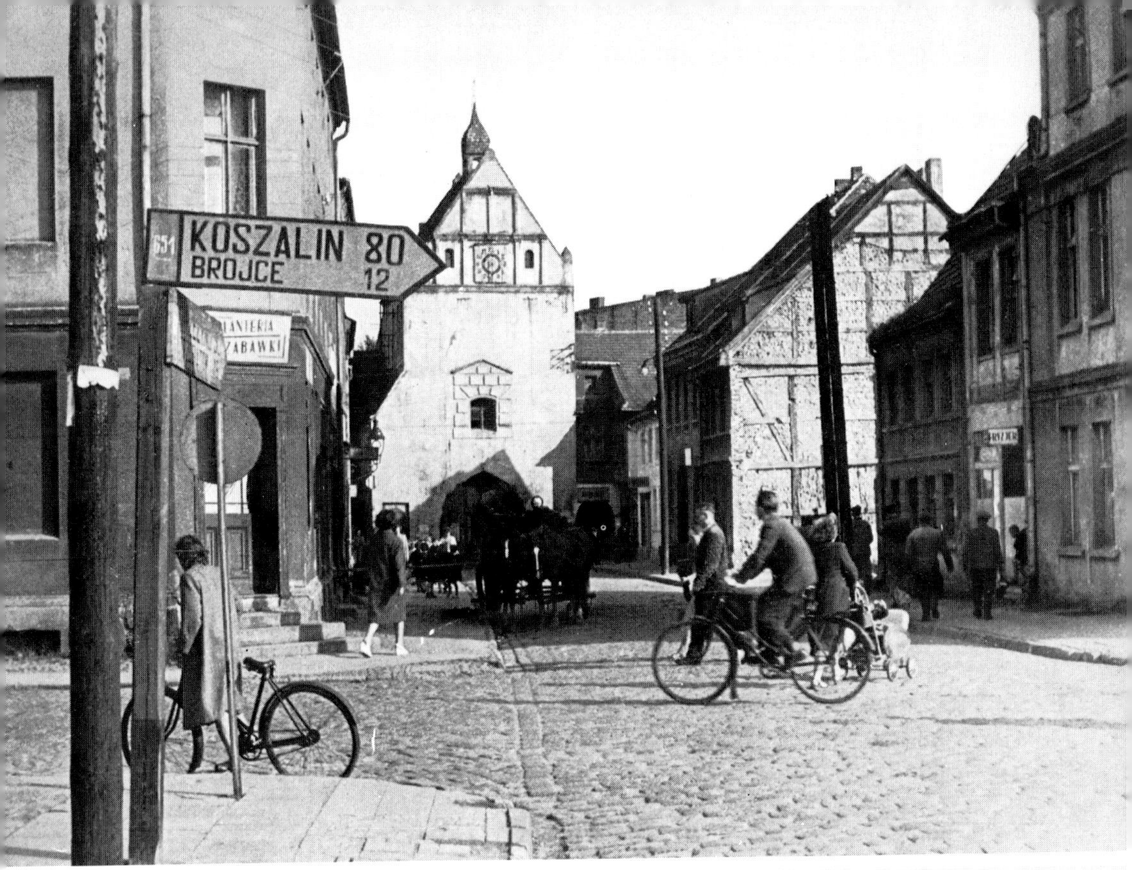
651
KOSZALIN 80
BROJCE 12
ZABAWKI

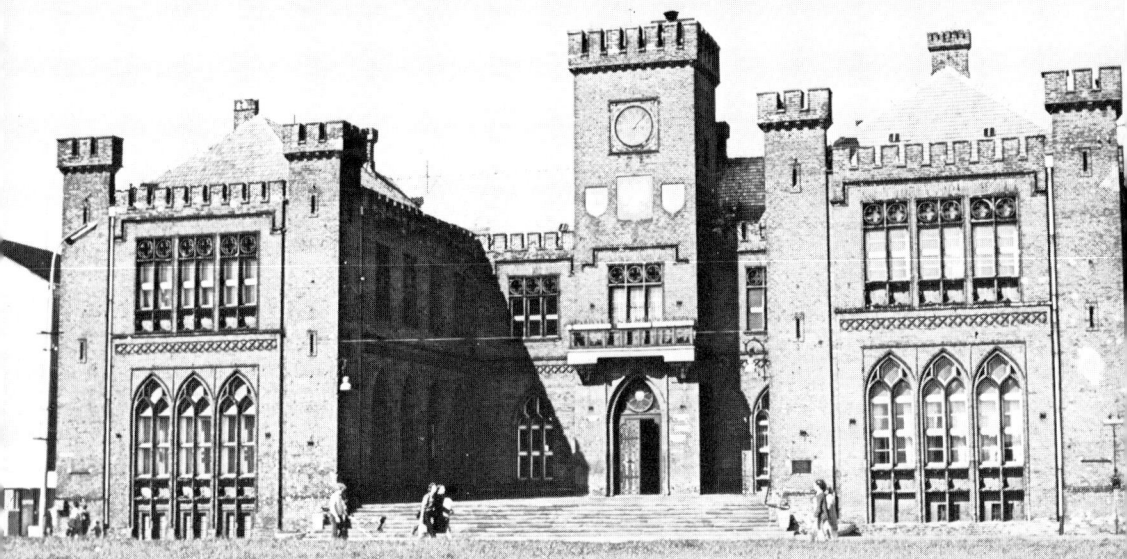

(Wolin) passiert, ebenfalls uralte Handelsstadt und Stiftungsort für das spätere Bistum Cammin.

Ziel unserer Fahrt ist der Dom von Cammin (Kamień Pomorski). Auf einer Anhöhe über dem Camminer Bodden gelegen, ziert das kleine Städtchen die berühmte dreischiffige, kreuzförmige Basilika, deren Chor und Querschiff im spätromanischen Stil noch aus dem 13. Jahrhundert, deren gotisches Langhaus aus dem 14. Jahrhundert stammen. Weihevoll stimmt das Innere der Kirche mit den 16 Meter hohen Säulen, sehenswert ist auch der Kreuzgang im Hof. Eine besondere Kostbarkeit stellt die Orgel dar, die heute den Ruhm Cammins mit international geschätzten Orgelfestspielen weit hinausträgt.

Reizvoll ist die Partie am Bodden entlang. Immer wieder gleitet der Blick über Wasserflächen und Inselchen. Man könnte jetzt zu den Ostseebädern Rewal oder Horst, vielleicht sogar bis Kolberg weiterfahren, aber dies soll einem anderen Ausflug vorbehalten bleiben.

Letztes Tagesziel wird Misdroy (Międzyzdroje). Schon vor hundertfünfzig Jahren war es als Seebad geschätzt. Liebliche Höhenzüge und dichter Hochwald schützen es vor Winden, sein Strand war und ist breit und feinsandig. Hier scheint die Zeit stehengeblieben zu sein; in manchen Straßen fühlt man sich um fast ein Jahrhundert zurückversetzt. In den altersgrauen Häusern könnten schon die Berliner der Kaiserzeit Ferien gemacht haben.

Auch wir lagern am Strand und stürzen uns wie die vielen anderen Gäste in die Wellen der Ostsee. Ein alter Mann spricht mich an; aus der Hosentasche holt er große Stücke Bernstein, die er zu maßvollen Preisen anbietet. Ein wenig später erscheint eine Frau mit einem zugedeckten Eimer; er birgt frisch geräucherte Aale. Die Preise sind freilich saftiger, aber das Angebot ist zu verlockend, denn in den Fischgeschäften gehören Aale zu den Raritäten. Auf der Heimfahrt nach Stettin wird im Wald Picknick gemacht. Die Aale schmecken uns köstlich.

Bild links oben: In der Innenstadt von Greifenberg; unten: Das Rathaus in Kolberg.

Pommerland ist abgebrannt

Für ein Manuskript hatte mir ein pommerscher Landsmann einen Situationsbericht über das Kriegsende zur Verfügung gestellt. Er schloß mit den Worten: »Wohnstätten waren zerstört oder verwüstet, die Landschaft war durch Panzergräben aufgerissen, quer über die Straßen lagen gefällte Bäume ... Selbst am Meeresstrand herrschte ein Bild der Verwüstung: versenkte oder beschädigte Fischerboote, Motorfrachter, Segeljachten ... Was war durch die Schuld des Nationalsozialismus aus dem schönen Pommerland geworden?« – Wie sangen wir doch einst im Kinderreim: »Pommerland ist abgebrannt ...«?

Im Laufe der Geschichte hat Pommern viel Leid und Not erfahren; immer wieder aber hat zäher Aufbauwille Neues gewagt. Das gilt auch für die Entwicklung nach 1945. Aber Pommern – wie wir es als preußische Provinz mit Vor- und Hinterpommern kannten – gibt es heute nicht mehr. Die Polen sprechen von Westpommern. Aufgeteilt ist das Pommerland unter die Wojewodschaften Stettin, Köslin und Danzig, deren Grenzen sich vielfach nicht mit den gewohnten Bereichen Pommerns decken. Und wie sieht es heute in diesem Pommerland aus?

Wieder fahren wir bei herrlichstem Spätsommerwetter und klarblauem Himmel über die Oderbrücke nach Gollnow (Goleniów), das auf guten Straßen in einer halben Stunde erreicht ist. Kurz werfen wir nochmals einen Blick auf die erhaltengebliebenen Reste der mittelalterlichen Bauten. Dann führt die Route durch kleinere pommersche Städtchen wie zum Beispiel das 1945 stark zerstörte Naugard (Nowogard) am Ostufer des Naugarder Sees. Auf einer Anhöhe nordöstlich des einstigen Kreisstädtchens passieren wir die Burg der Grafen von Eberstein. Das hübsch gelegene, von der Rega im Halbkreis umflossene Plathe (Płoty) wird nach kurzer Besichtigung durchfahren.

Knapp 35 Kilometer nach Gollnow gibt es ein Wiedersehen mit Greifenberg (Gryfice), in dem fleißig gebaut wird. Seine Visitenkarte ist die aus dem 14. Jahrhundert stammende Marienkirche. In wenigen Minuten kommt dann Treptow (Trzebiatów) an der Rega in Sicht. In diesem Städtchen beschloß

1534 der pommersche Landtag die Einführung der Reformation; der Name Bugenhagen steht für diese Zeitlichkeit. Der spätgotische Ziegelbau der Marienkirche, das alte Rathaus, Reste der Stadtmauer nebst Grützturm, in der Umgebung Wiesen und Wälder – alles das hat einigermaßen das Kriegsende überstanden. Nach einer Periode des Verfalls wurde ordentlich renoviert und auch Farbe ins Stadtbild gebracht, so daß in solchen Teilen Pommerns die alte Kleinstadtidylle wieder zu leben scheint. Aber das täuscht: es gibt unweit von St. Marien auch entgegengesetzte Bilder.

Endlich kommt der wuchtige Klotz des abgestumpften Turms vom Mariendom zu Kolberg (Kołobrzeg) in Sicht. Was haben sich um diese Stadt nicht für geschichtliche Legenden gebildet? Viermal ist sie belagert worden, ihren Nachruhm bezog sie anno 1807 unter Nettelbeck und Gneisenau, ehe der Frieden von Tilsit sie nach viermonatiger Belagerung aus den Fängen der Franzosen rettete und vor dem Untergang bewahrte. An die vom NS-System hochgejubelte Tradition sollte im März 1945 angeknüpft werden, als die ersten Granaten in die offene Stadt fielen, die mit Flüchtlingen überfüllt war. Als letzter Film der NS-Ära wurde »Kolberg« zur Durchhaltepropaganda eingesetzt. Der Stadt ist diese in einem modernen Krieg sinnlose Verteidigung schaurig bekommen. Innerhalb von vierzehn Tagen war ihr Untergang besiegelt. Wer nicht in letzter Minute noch auf dem Wasserweg in Todesnöten entkam, fiel den Bombardements zum Opfer. Als am 18. März – heute polnischer Erinnerungstag – die Eroberer in Kolberg einrückten, fanden sie eine nahezu restlos zerstörte Stadt und Tausende von Opfern vor.

Jahrelang lag das verwüstete Kolberg am Boden. Heute ist manches wieder aufgebaut worden, aber noch immer ist ein Abbild der früheren Stadt schwer wiederzufinden. Gewiß, am Ostseestrand, in den Küstenhainen, in Hotels und Ferienheimen tummeln sich zahlreiche Urlauber – auch sehr viele Besucher aus Mitteldeutschland darunter – und genießen die würzige Seeluft am herrlichen Strand. Aber wer vor dem monumentalen gotischen Mariendom steht, der behelfsmäßig für den Gottesdienst hergerichtet wurde, wer von den einst umgebenden Häusern an der Persante nichts mehr wiederfindet, der erkennt Kolberg kaum. Rathaus, Wasserturm, Leuchtturm, wiederhergestellte Wohnhäuser oder Neubauten, einige Fabrik- und Fischverarbeitungsanlagen sind Zeugen des Aufbauwillens, aber Kolberg ist noch weit zurück.

Für ein Weilchen nehme ich auf einer Bank vor dem Mariendom Platz, nachdem ich zuvor in der frühgotischen fünfschiffigen Kirche in ihrer ergreifend notdürftig hergerichteten Halle dem Orgelspiel gelauscht hatte. Was hat die Zeit an mannigfachen Schicksalen über Kolberg gebracht? 1065 wird es Domstift, 1255 erhält es Stadtrechte, 1284 wird es in den Hansebund aufgenommen, ist also eine der ältesten Städte Pommerns. Im Dreißigjährigen Krieg haben hier Kaiserliche wie Schweden gehaust, 1653 zog Kurfürst Friedrich Wilhelm von Brandenburg als Herrscher ein. Dreimal belagerten die Russen, 1758, 1760 und 1761, Kolberg, 1807 rettete sich der schwerverwundete Major Schill in die Stadt, um zusammen mit dem Festungskommandanten Gneisenau und dem »Bürgerrepräsentanten« Nettelbeck die Belagerung der Franzosen zu ertragen. Wie viel an Freud, erst recht viel an Leid ist über dieses Kolberg hinweggebraust!

Einst haben wir von Kolberg vieles gekannt, aber wohin wir uns heute wenden, zur Hauptverkehrsader »Münde«, zur Strandschloßplatte, zum Hafen mit der Maikuhle, in Richtung Seesteg – wir finden die Spur kaum mehr. Noch bitterer wird die Suche nach Nettelbecks und Jahns Wohnhaus, es steht ebensowenig wie das Merkurhaus im Renaissancestil oder das Schwibbogenhaus in Rokokomanier. In der Vorstadt Lauenburg, im Hafengelände der Persante, in der eigentlichen Altstadt sieht es vielfach noch trostloser aus. Furchtbar hat diese Stadt den Wahnwitz der Verteidigung von 1945 bezahlen müssen; es wird noch lange dauern, bis ein neues, freilich ganz anderes Kolberg erstanden sein wird.

Die gedrückte Stimmung, die uns aus Kolberg auf der weiteren Autofahrt zunächst begleitet, löst sich erst, als die weiten Felder und Wiesen, die baumbestandenen, guterhaltenen Straßen, die kleinen Hügel und Wäldchen in Sicht kommen. Überall in diesen Spätsommertagen wird auf den Feldern fleißig gearbeitet, man sieht mitunter Kolonnen von Mähdreschern, aber auch Pferdegespanne sind noch zahlreich. Uns fällt auf, wie gut gepflegt die Pferde sind, die Polen haben offenbar Freude an ihnen. Wo Felder bereits umgepflügt werden, spazieren Störche in großer Anzahl hinterdrein. Trocken und gesund ist das Klima, es mutet ganz heimatlich an.

Die erste Stadt Ostpommerns, die wir erreichen, ist die Wojewodschaftshauptstadt Köslin (Koszalin), 1945 zu mehr als der Hälfte zerstört, heute über 60000 Einwohner zählend. Sie macht einen beachtlich städtischen Eindruck. Vom Marktplatz der einstigen Regierungshauptstadt mit ihren geschmackvollen Neubauten hat man einen schönen Blick auf die spätgotische Marienkirche. Köslin ist unzweifelhaft eine moderne Stadt mit neuem Bahnhof und ebensolchem Flughafen. Eine Zeitung »Glos Koszalinski« hat sogar über 100000 Auflage. Hübsch ist die nähere Umgebung Köslins; der bewaldete Bergrücken des 137 Meter hohen Gollenberges lädt ebenso wie der Deetzberg oder der 133 Meter hohe Schiefe Berg zu Spaziergängen ein.

Bedeutende Stadt ist heute auch das nahezu 70000 Einwohner zählende Stolp (Słupsk). Es war – genauso wie Schlawe (Sławno) an der Wipper mit seinem gut restaurierten Kösliner und Stolper Tor – verheerend vom Krieg mitgenommen worden. Auch in Stolp ist der Wiederaufbau beachtlich; moderne Wohnzentren zeugen davon. Das bekannte Mühlentor wirkt heute nach der Restaurierung etwas fremdartig. Das Rathaus am einstigen Stephansplatz ist imposant erneuert worden; der umgebende Platz, früher nach dem Generalpostmeister und Begründer des Weltpostvereins Heinrich von Stephan, dem berühmten Sohn dieser Stadt, benannt, trägt heute den Namen Plac Zwyciestwa. Brama Nowa heißt das Neutor, Baszta Czarownic die Hexenbastei. Auch vom Schloß der Pommernherzöge und von den Kirchen kann man mit Respekt sagen, daß sie ordentlich restauriert worden sind. Staat und – unabhängig von ihm – die katholische Kirche haben Millionen Zloty in den Wiederaufbau Stolps ebenso wie Köslins gesteckt.

In Lauenburg (Lębork) an der Leba sind wir jetzt an die 300 Kilometer von Stettin entfernt und befinden uns bereits in der Wojewodschaft Danzig. Früher war hier gleich die Grenze zum sogenannten Polnischen Korridor. Auch Lauenburg war 1945 entsetzlich zerstört. Immer noch gibt es Lücken in den Häuserzeilen. Von den Kirchen blieb manches erhalten, schön ist die Jakobikirche wiederhergestellt worden. Burg und Stadtmauer künden von der historischen Vergangenheit Lauenburgs, in dem 1322 der Deutsche Ritterorden Fuß faßte.

Auf der Weiterfahrt wird Neustadt (Wejherowo) passiert, ein kleines Städtchen, das ebenso wie sein hügeliges, von Seen begleitetes Umland immer wieder steinerne Kreuze und Herrgottsbilder aufweist. Wir befinden uns in der Kaschubei, dem Land der Kaschuben (auch Kassuben oder Slowinzen genannt), einer slawischen Minderheit von etwa 100000 Menschen in preußischen Zeiten. Diese Kaschuben, eingebettet zwischen zwei Nationen, wußten sich mit ihrer Sprache und ihren Gebräuchen zwischen deutscher und polnischer Kultur zu behaupten. Vielleicht 50000 Menschen sind heute von ihnen noch übriggeblieben, die sich stark um Lauenburg konzentriert haben. Es gab Zeiten, wo Kaschuben, aber auch Masuren und Ermländer, von den Polen als Autochthonen behandelt wurden. So wie sich in den deutschen Zeiten viele Kaschuben assimilierten, haben sie heute, genauso wie Ermländer und Masuren, manche Enttäuschungen mit der Pflege ihrer Eigenarten erlebt. Mitunter sind sie etwas skurril, die Menschen der Kaschubei; wer Gespür für Individualität bis hin zur Drolerie hat, sollte gerade hier aufmerksam Land und Leute betrachten.

Es dunkelt bereits, als wir über Gdingen (Gdynia) und Zoppot (Sopot) Danzig (Gdańsk) erreichen. Schon bei der nächtlichen Fahrt durch die erleuchteten Straßen, vor allem die Langfuhrer Allee, reißen wir die Augen auf. Das ist doch wie im alten Danzig! Ja, so scheint es zu sein. Gegenüber vom Hauptbahnhof, der zur Zeit seiner Errichtung als einer der schönsten Bahnhöfe gelobt und der kaum zerstört wurde, machen wir nach stundenlanger anstrengender Fahrt Halt und finden unser Quartier im Orbis-Hotel »Monopol« an der ehemaligen Weißmönchen-Hintergasse. Nach einem erquickenden Imbiß kann ich es mir trotz aller Müdigkeit nicht verkneifen, loszuziehen. Ich will Danzigs Altstadt noch bei Nacht erleben.

Bezauberndes Danzig

Am frühen Morgen fällt mein Blick durch das Hotelfenster auf den gegenüberliegenden Hauptbahnhof und gleitet über ihn hinweg zu den Anhöhen von Hagelberg und Bischofsberg in Richtung Schidlitz. Bald stehe ich dann im Bahnhofsgebäude, das der Krieg verhältnismäßig unzerstört gelassen hat. Es unterscheidet sich im Stil wohltuend von anderen preußischen Bauten dieser Art; bei der Einweihung im Jahre 1901 war man in Danzig darum auch sehr stolz auf sein den Fassaden der Stadt angepaßtes Aussehen. Mit neuesten Zeitungen versorgt – auch deutschen darunter – unternehme ich einen ersten Spaziergang.

Linker Hand grüßen die renovierte Elisabethkirche und das glücklicherweise wenig zerstörte Altstädtische Rathaus, in dessen unteren Räumen man in einer geschmackvoll eingerichteten »Kawiarnia« sein Frühstück einnehmen kann. Dann geht es in Verlängerung der Bahnhofsfront weiter. Rasch kommt das frühere Generalkommando in Sicht, ebenfalls fast unversehrt. Es sieht noch genauso aus, wie zur Zeit, als der Hohe Kommissar des Völkerbundes bei der Freien Stadt Danzig hier residierte, zuletzt der Schweizer Professor Carl Jacob Burckhardt.

Jetzt kann ich es nicht lassen, dem Kohlmarkt zuzusteuern, der heute weitgehend unbebaut ist und den Blick auf Danzigs Stadtsilhouette freigibt. Hier setzen meine frühesten Danziger Erinnerungen aus den zwanziger Jahren ein. Parallel zur Georgshalle erhebt sich das Hohe Tor, einst der Zugang zur Stadt, wenn man von der Höhe kam. Dieses 1588 in flandrischer Hochrenaissance errichtete Festungstor ist nicht unbeschädigt geblieben, aber bewundernd hält man heute wieder inne, ist es doch, wie berufene Kunsthistoriker gerühmt haben, »ohne Frage das großartigste Tor, das die Renaissance irgendwo hervorgebracht hat«. Auch die Inschrift in der Attika ist noch da: »Justitia et Pietas, Duo sunt Regnorum omnium Fundamenta«. Der Stockturm nebst Peinkammer ist ebenfalls wiederzuerkennen, lediglich einiges unschöne Türmchenbeiwerk hat man weggelassen. Wie oft habe ich in den Jahren, als die Mitglieder der Jugendbewegung hier ihr Domizil hatten, diesem Turm einen Besuch abgestattet!

Jetzt muß man sich aber feierlich einstimmen: man durchschreitet das 1612 im Renaissancestil errichtete Langgasser Tor. Einen Augenblick sinnt man der Fassadeninschrift nach, die aus dem Lateinischen übersetzt lautet: »Durch Eintracht wachsen kleine Staaten, durch Zwietracht gehen selbst große zugrunde«. Was liegt in diesem Moment näher, als im Anblick von Danzigs festlichster Straße mit dem überschlanken gotischen Rathausturm der Rechtstadt und den Giebelhäusern der reichen Patrizier, die in den Langemarkt mündet und vom Grünen Tor zur Mottlau hin abgeschlossen wird, an die wechselvolle Geschichte der Stadt mit Hoch, Tief, Blüte, Verfall und Untergang zu denken?

In urdenklichen Zeiten saßen hier germanische Stämme. Ihnen folgten bei der Völkerwanderung wendische Slawen nach. Dann war Danzig bis 1294 Residenz pommerellischer Herzöge. Seit 1308 residierte hier der Deutsche Ritterorden. Dann wurde Danzig 1454 Freie Hansestadt mit dem König von Polen als Schutzherrn. Die Schweden belagerten die Stadt 1656, die Russen und Sachsen nahmen sie 1734 ein, bei der zweiten Teilung Polens wurde sie preußisch. 1807 machten die Franzosen sie bis 1814 wieder zur Freien Stadt. Nochmals folgte eine preußische Ära, in der Danzig 1878 zur Hauptstadt der Provinz Westpreußen aufrückte. Schließlich wurde es am 10. Januar 1920 in Auswirkung des Versailler Vertrages Freie Stadt, bis es der Nazigauleiter Forster am 1. September 1939 unter Verfassungsbruch dem Deutschen Reich einverleibte.

Man muß die Ausstellung im obersten Stockwerk des Rechtstädtischen Rathauses gesehen haben, die den Zustand Danzigs in gegenüberstellenden Fotos beim Kriegsende 1945 und nach dem Wiederaufbau zeigt. Man muß an diesem Langgasser Tor mit dem zauberhaften Blick in die Langgasse bedenken, daß bei den Bombenangriffen vom 9. März 1945, erst recht bei den Flächenbränden vom 19. und 21. März desselben Jahres und in der Stunde des Einmarsches der Russen am 28. März 1945 die schöne Stadt bis zu 60 Prozent zerstört war; über 6000 Gebäude waren in Schutt und Asche gesunken, weit mehr als 1000 schwer beschädigt worden. Insbesondere die historische Rechtstadt, die Altstadt, die alte Vorstadt und die Speicherinsel zwischen den beiden Mottlauarmen, war ein einziges Ruinenfeld. Um so mehr ist die grandiose Aufbauleistung der Polen anzuerkennen, die, selbst durch Krieg und Kriegslasten bis auf den Grund geschädigt, sogleich mit der Erhaltung des Bewahrenswerten und bald auch mit dem historisch getreuen Wiederauf-

Bild rechts: Blick vom Rechtstädtischen Rathaus in Danzig auf Langemarkt und Grünes Tor.
Nächste Seite oben links: Frontseite des Artushofs in Danzig; unten links: Eingang zum Hauptbahnhof; oben rechts: Rathaus mit Neptunbrunnen; unten rechts: Frauengasse.
Übernächste Seite: Blick vom Rathaus auf das wiedererstandene alte Danzig.

bau begannen. Ihnen ist es zu verdanken, wenn heute Danzig – neben der originalgetreu wiederhergestellten Warschauer Altstadt – zu den kostbarsten städtebaulichen Juwelen zählt.

Von den ersten Eindrücken ganz benommen, die heutige Wirklichkeit noch kaum fassend, betrete ich nun die schmale leicht gebogene Straßenzeile der Langgasse. Da erhebt sich wieder das Uphagenhaus, 1776 im Rokokostil von einem Ratsherrn gleichen Namens errichtet und einst von der Diele bis zum Roten Saal, vom Spielzimmer bis zum Schlafgemach mit allem Drum und Dran im Stil jener Kunstperiode ausgestattet. Alle die alten Häuserfassaden sind wiedererstanden. In manchen Schaufenstern werden außer Lebensmitteln auch Bücher, Schallplatten, Folkloreartikel und häufig Bernsteinketten angeboten.

Wo sich die Langgasse an der früheren Hauptpost zum Langemarkt weitet, betritt man das im 14. Jahrhundert erbaute Rechtstädtische Rathaus. Auch hier ist mittlerweile mit großer Akribie alles wieder so geworden, wie man es im Gedächtnis hatte: Sommerratsstube, Blauer Saal und alle die anderen Festsäle erstrahlen in alter Pracht. Zum Abschluß wird der Turm bestiegen. Da liegt Danzig mit seinen Türmen und Giebeln, die Altstadt, die Rechtstadt, die Vorstadt, die Speicherinsel, die Niederstadt und Langgarten. Aber der Blick gleitet weiter über die Türme und Dächer hinaus in die Vorstädte St. Albrecht, Altschottland, Schidlitz, Neuschottland, Neufahrwasser und die Langfuhrer Allee entlang bis Zoppot, Oliva und Glettkau, ja bis Brösen, Weichselmünde und Heubude und sogar noch in die Danziger Niederung.

Das alles war einmal die Freie Stadt Danzig mit über 400 000 Einwohnern im Jahr 1939, von denen 224178 evangelisch, 145000 katholisch, 10448 jüdisch und 15484 sonstigen Bekenntnisses waren. Die Polen stellten mit etwas über 3 Prozent eine kleine Minderheit dar. Heute sind die Polen Bewohner dieser Stadt; nur vereinzelt trifft man noch auf einige Deutsche, die Krieg und Nachkriegszeit hierhin verschlagen haben und die zumeist ein untergeordnetes Dasein fristen.

Immer noch stehe ich sinnend vor dem Rechtstädtischen Rathaus. Wenige Schritte nur, die Langgasse hat sich zum Langemarkt geweitet, und man bestaunt Artushof, Neptunbrunnen und die Häuserfronten, darunter das goldverzierte Steffens-Haus. Heute fährt keine Straßenbahn mehr durch das Grüne Tor, auch für den Autoverkehr ist dieser Teil gesperrt. Alles ist den Fußgängern vorbehalten, und in der Tat wimmelt es tagtäglich von Besuchern aus aller Herren Länder. Polen, Russen, Deutsche aus beiden Teilen ihres Vaterlandes, Schüler- und Militärgruppen, auch Asiaten aus der Mongolei

Bild links oben: Danzig, Langemarkt und Rechtstädtisches Rathaus; unten: Giebelhäuser und Zeughaus.

29

und sogar aus Indochina folgen gehorsam ihrem Cicerone. Was hier von Architekten, Restauratoren, Stukkateuren, Malern und Bauarbeitern in jahrelanger mühevoller Arbeit, getreu nach den historischen Vorbildern, geleistet worden ist, die Wiederherstellung eines kostbaren Stückes Alt-Danzig, sollte ganz Europa gehören.

Der zwischen 1477 und 1481 noch im gotischen Stil errichtete Artushof, der ursprünglich als Börse diente, war 1945 völlig ausgebrannt. Mitsamt dem barocken Schmuck seiner Schauseite ist er aus der Asche neu geboren worden und dient heute als Stätte interessanter Kunst- und Folkloreausstellungen. Vor dem Artushof sammeln sich die Besucher um den Neptunbrunnen, dessen Erzfigur schon aus dem Jahre 1633 stammt. Man hört alle Laute, wird auch von deutschen Landsleuten angesprochen und erfährt bei dieser Gelegenheit abenteuerliche Lebensschicksale.

Das figurenreiche Steffens'sche Haus, wie überhaupt die gesamte Häuserfront, erhöht noch den Zauber des Langemarktes. Dann durchschreitet man das Grüne Tor, das heute gar nichts Grünes mehr hat, sondern seinen Namen deshalb trägt, weil es früher einmal teilweise grün angestrichen war. Das in flandrischer Renaissance errichtete ehemalige Koggentor mit seinen vier Torbogen geleitet zur Langen Brücke, und von hier aus genießt man den altvertrauten Blick auf die beiden Ufer der Mottlau, freut sich, daß das völlig zerstört gewesene Krantor wiedererstanden ist, wirft einen schnellen Blick auf die gegenüberliegende, von den beiden Mottlauarmen umschlossene Speicherinsel, wo noch manches seiner Restaurierung harrt. Speichernamen tauchen in der Erinnerung auf; da gab es doch die Graue Gans, den Bunten Hund, Engel und Milchmagd, Pelikan und Elephant, aber auch Namen wie Schmiedewarm und Roter Lau. Das alles ist nicht mehr, aber man sieht auch an dieser Stelle Bemühungen um einen historisch würdigen Wiederaufbau.

Allzulange verweile ich am Mottlauufer. Hier herrscht geschäftiges Gehen und Kommen; Schiffe ankern am Kai, ein Ausflugsdampfer lädt zur Fahrt nach der für Polen historisch gewordenen Westerplatte ein. Ich denke daran, wie ich früher selbst mit dem Bäderschiff, das den Namen des Danziger Seehelden Beneke trug, an Brabank, Kaiserhafen und Feste Weichselmünde vorbei zur Westerplatte gefahren bin. In den Kneipen am Mottlaubollwerk hat man Machandel getrunken oder verstieg sich zu einem Schluck Danziger Goldwasser. Heute reizen mehr die zahlreichen Souvenirläden und unter ihnen besonders die Auslagen mit den Bernsteinprodukten. Polen verfügt über genügend Bernsteinvorräte; in einem neuen Hafenbecken, das in der Gegend der früheren Rieselfelder ausgebaggert wird, findet man Bernstein in allen Größen. Touristen sind eifrige Käufer von Bernsteinketten unterschiedlicher Farbe und Dicke. Wenn man Glück hat und mit einem Bernsteindrechsler ins Gespräch kommt, erhält man unter Umständen die Einladung wiederzukommen und kann dann ein Bernsteinkästchen oder ein angeschliffenes Stück Rohbernstein erwerben, wie es mir selbst ergangen ist.

Es dämmert schon, als ich in die Brotbänkengasse mit dem Englischen Haus einbiege, so genannt, weil hier früher Engländer ihre Tuche feilboten. Hier, wie in der Frauengasse, stößt man unwillkürlich Laute der Bewunderung aus. Alles war 1945 in Schutt und Asche gesunken. Jetzt bietet sich das ursprüngliche Bild hochgiebliger Häuser im Renaissance-, Barock-, Rokoko- oder klassizistischen Stil mit den altvertrauten Beischlägen dar. Noch habe ich von Besuchen in den zwanziger Jahren in Erinnerung, wie auf den von reich geschmückten Beischlägen umrahmten Podesten Danziger Familien geruhsam saßen oder ihren Kaffee tranken. Heute findet man kleine Gastwirtschaften, in denen man gemütlich einkehren kann.

Was ich noch sehen will, ist in der Heilig-Geist-Gasse das Geburtshaus des Philosophen Arthur Schopenhauer und das Geburtshaus des großen Radierers und Miniaturmalers Daniel Chodowiecki. Sein Reiseskizzenbuch von Danzig und Umgebung vermittelte einen liebevollen Einblick in das Danzig vergangener Jahrhunderte, das hier in wundervoller Atmosphäre auferstanden ist. Ich suche mir in der Brotbänkengasse vor einem bestimmten Haus einen Ruheplatz. Hier hat nämlich der romantische Dichter Freiherr von Eichendorff von 1821–1823 als preußischer Regierungsrat gewohnt.

Danzig ist zu den verschiedensten Zeiten Wohnstatt, aber auch Refugium von Dichtern gewesen, und dies hat viel zu seiner großzügigen Geisteshaltung beigetragen. Während der sogenannten Schwedenkriege weilte hier Andreas Gryphius, der seine Sonette in deutscher Sprache verfaßte, während man bisher das Lateinische bevorzugt hatte. Martin Opitz hat in Danzig 1639 seine Augen geschlossen und ist in der Marienkirche beigesetzt worden.

1769 wurde hier der Schriftsteller Daniel Falk geboren, 1837 Johannes Trojan. Der liebenswerte Maler und Dichter Robert Reinick hat hier Jugendjahre verbracht und mußte wegen einer nicht genehmen Karikatur zwei Monate Festungshaft in Weichselmünde absitzen. Eichendorff kam 1821 nach Danzig, um die Geschäfte eines Konsistorial- und Schulrats beim Oberpräsidium und Konsistorium der Provinz Westpreußen sowie den Regierungen in Danzig und Marienwerder wahrzunehmen. Seine Amtstätigkeit fand rasch Anerkennung, denn im Herbst 1821 wurde er zum Regierungsrat ernannt. Ehe er – nach kurzem Aufenthalt in Berlin – nach Königsberg weiterzog, hat er den Anstoß zur Wiederherstellung der Marienburg gegeben und bald auch die Geschäftsführung bei der Restauration übernommen.

Danzig war also beileibe keine provinzielle Stadt, sondern von nahezu europäischer Geisteshaltung erfüllt. Das lassen die stolzen Bürgerhäuser ahnen; städtische Lebensart und patrizische Wohnkultur zeugen vom Wohlstand und dem über das Kaufmännische ins Gesellschaftliche und Kulturelle reichenden Niveau seiner Bewohner. Bei alledem blieb immer auch Zeit für gemütliches »Plachandern« in Gaststätten und Weinstuben.

Langsam zieht der Abend herauf, die ersten Lichter gehen an, das Kommen und Gehen wird geringer. Ich ordne meine Eindrücke, denke auch daran, wie oft ich zu Tagungen, Konferenzen und Dienstgeschäften mehr als zwei Jahrzehnte hindurch immer erneut im wunderschönen Danzig geweilt habe. Heute sind es andere Menschen, die hier ihr Zuhause haben. Geblieben aber ist der Zauber, den die Stadt immer ausstrahlte und den Eichendorff in den Danzig gewidmeten Versen eingefangen hat:

> Dunkle Giebel, hohe Fenster,
> Türme tief aus Nebeln sehn,
> Bleiche Statuen wie Gespenster
> Lautlos an den Türen stehn.

> Träumerisch der Mond drauf scheinet,
> Dem die Stadt gar wohl gefällt,
> Als läg zauberhaft versteinet
> Drunten eine Märchenwelt.

> Ringsher durch das tiefe Lauschen,
> Über alle Häuser weit,
> Nur des Meeres fernes Rauschen –
> Wunderbare Einsamkeit!

> Und der Türmer wie vor Jahren
> Singet ein uraltes Lied:
> Wolle Gott den Schiffer wahren,
> Der bei Nacht vorüberzieht!

Krone von Danzig

Zusammen mit St. Nikolai und St. Katharinen bildet die Marienkirche das Dreigestirn der ältesten Kirchen Danzigs. St. Marien hatte schon früh den Ruhm, die »Krone von Danzig« zu sein, und galt überdies als die größte evangelische Kirche in Europa – heute ist sie ein katholisches Gotteshaus. Schon bevor 1343 mit ihrem Bau begonnen wurde, gab es dort eine Kirche. Hundertfünfzig Jahre hindurch hat man gebaut, bis die riesige Hallenkirche mitsamt ihrem 76 Meter hohen Westturm und dem Abschluß im doppelten Satteldach vollendet war. Mit der imponierenden Länge von 113 Metern ist die dreischiffige Kirche dennoch von überwältigender Einfachheit, birgt aber im Innern eine Fülle interessanter Seitenkapellen voll wertvoller Kunstwerke. Freilich das kostbarste, nämlich Hans Memlings Gemälde »Das Jüngste Gericht« – 1473 vom Danziger Seehelden Paul Beneke mit seinem Kaperschiff erbeutet und nach Danzig gebracht –, befindet sich nicht mehr im Original hier.

Man muß sich die Mühe machen und das alte Franziskanerkloster aufsuchen, in dem sich heute ein sehr bedeutendes »Muzeum Pomorskie w Gdańsku« befindet. Dort befindet sich heute Memlings kostbarstes Werk. Leider war es bei unserem Besuch gerade ausgeliehen und wir konnten nur die Kopie in der Marienkirche betrachten. Dennoch lohnt sich der Besuch im einstmals berühmten Akademischen Gymnasium, in dem nun das Muzeum Pomorskie untergebracht ist. Eine kostbare Pietà vom Meister der schönen Madonna aus Danzig, eine Mutter Gottes von einem Künstler aus dem Kreis der Madonna mit dem Löwen, kostbare Gewänder aus Beständen der Marienkirche, eine berühmte Holzplastik von Hans Brandt, Porträts von Persönlichkeiten der Danziger Geschichte und vieles Wertvolle an Bildwerken, Silberschmuck und anderem mehr befindet sich in diesem Museum, dessen Leihgaben es auch im Ausland bekannt gemacht haben.

Wenn man abseits vom ständigen Gehen und Kommen der Kirchenbesucher wie der Touristen in einer der Seitenkapellen der Marienkirche Platz

33

genommen hat und über das Schicksal dieses berühmten Gotteshauses nachsinnt – allein schon Memlings berühmtes Gemälde wollten Kaiser Rudolf II. und Peter der Große den Danzigern abkaufen, Napoleon hat es 1807 nach Paris entführt, 1816 kam es wieder nach Danzig zurück –, dann wird einem bewußt, wieviel polnischerseits getan worden ist, um trotz unvorstellbarer baulicher Schwierigkeiten und unter Einsatz erheblicher Geldmittel dieses großartige gotische Baudenkmal zu retten. Die Höhe des Kirchenschiffs, die Vielartigkeit der Gewölbe, Sprünge in einigen der 28 Pfeiler, zerstörte Dachgewölbe, Berge von Schutt – alles das stellte an die Bauleute höchste Anforderungen und zwang oftmals zu individueller Restaurierung. Sie ist grandios gemeistert worden. Wenn man vom hohen Westturm auf ein Meer von Dächern unter sich schauen, wenn der Blick weit in die Umgebung Danzigs schweifen kann, danken wir das dem Gespür der Polen für Tradition und Geschichte – auch wenn es zum Teil nicht ihre eigene Historie war. Abends leuchtet vom Turm der Marienkirche ein großes Neonkreuz, von der katholischen Kirche zum 30. Jahrestag der Volksrepublik Polen errichtet, vielleicht auch symbolhaft dafür, daß in diesem Land nuanciertes kommunistisches Staatssystem und traditionell katholische Kirche nebeneinander bestehen.

Kreuz und quer durch Danzig und seine Umgebung

Wo sind wir in den nächsten Tagen nicht überall gewesen? Wenige Minuten vom Hotel entfernt, am Rathaus auf der Pfefferstadt vorbei, führt der Spaziergang zur Großen Mühle von 1350, die 1945 völlig ausgebrannt war, aber würdig neu erstanden ist. Dicht dabei wirft man einen Blick auf das Müllergewerkshaus von 1754 und steht sogleich vor St. Katharinen. Diese dreischiffige Hallenkirche, früher auch wegen des Spiels ihrer 37 Glocken berühmt, war in starkem Ausmaß Opfer des Krieges geworden. Noch bei unserer ersten Reise war man fleißig bei Restaurierungsarbeiten, diesmal ist alles weitgehend für den Gottesdienst bereit. Wir nehmen den Weg dann durch die Große Mühlengasse zum Dominiksplatz und haben als Visitenkarten Danzigs den Turm Kiek in de Kök und bald auch das am Westausgang der Jopengasse gelegene herrlich wiedererstandene Zeughaus vor uns. Von diesem kurz nach 1600 errichteten Meisterwerk niederländischer Spätrenaissance mit reich verzierter Schauseite und Läden in der Halle des Erdgeschosses stand bei Kriegsende nur noch ein Mauerrest da.

Nicht vergessen sei auf diesem Spaziergang ein Abstecher zur Markthalle. Auch sie steht wie eh und je, wird außen umkränzt von einem Vielerlei an Ständen und Sitzgelegenheiten, von denen Blumen und Früchte aus der Danziger Niederung und der Kaschubei angeboten werden. Es ist ein buntes Bild: alte Mutterchens, bejahrte Männer, hübsche junge Polinnen, die meisten im Schmuck farbiger Kopftücher freundlich ihre Waren anpreisend – so sieht es außerhalb der Markthalle aus. Drinnen wird das Angebot durch Lebensmittel, Fleisch, Fische und Kräuter ergänzt. Alles erscheint in diesem Jahr reichlicher und im Preis maßvoll. Es ist ja in den herrlichen Augusttagen auch der ganze Reichtum des Danziger Umlandes, der hier zur Verfügung steht. Ich komme hier und dort ins Gespräch, höre auch deutsche Laute, ein wenig kaschubisch dazwischen, und verlasse angenehm berührt diesen Ort.

Geht man vom Hotel in entgegensetzter Richtung die wenigen Schritte zur Ulica Walowa, dem früheren Hansaplatz, dann steht man vor den auch vordem dort befindlichen Gebäuden der Stadt- und der Staatsbibliothek, die glücklicherweise nicht allzusehr beschädigt worden sind. Wiederholt habe ich in den Räumen der Stadtbibliothek (Biblioteka Gdańska PAN) dem langjährigen Direktor Pelczar, aber auch seinem Nachfolger Kotarski, gegenübergesessen. Sie wissen mit vollendeter Höflichkeit und immenser Sachkenntnis interessant zu erzählen. Direktor Pelczar weilte bereits in den ersten Apriltagen 1945 hier, als in Teilen der Danziger Niederung und auf Hela noch gekämpft wurde. Schaurig, wie er das Gebäude mit Toten und nicht explodierten Minen vorfand, geradezu abenteuerlich, wie die ausgelagerten Bibliotheksbestände, zum Teil waren sie in der Marienburg, in Pelplin und bei Privatleuten untergebracht, aufgefunden wurden.

Uns zu Ehren ist eine kleine Ausstellung aufgebaut worden, besitzt doch die 1597 gegründete Stadtbibliothek über eine halbe Million Bände und mehr als 500 kostbare Inkunabeln. Als Kuriosum wird uns eine Schrift von Petronius gezeigt, die bei den Kämpfen um die Marienburg als Kugelfang gedient hat und in der noch ein Geschoß steckt. Naturgemäß interessieren wir uns auch für Danziger Adreßbücher, Zeitungsbände aus unseren Jahrzehnten und anderes mehr. Hiervon ist viel vorhanden, mehr als man in der Bundesrepublik Deutschland weiß. Als Besonderheit wird ein bebildertes Tagebuch des Kapellmeisters Aurich von jener »Schleswig-Holstein« vorgeführt, deren Schüsse auf die Westerplatte am 1. September 1939 um 4.45 Uhr den Zweiten Weltkrieg eröffnet haben. Wenn man später an dem aufragenden polnischen Mahnmal der Westerplatte steht, an Wandbildern den Ablauf der tapferen Gegenwehr der polnischen Besatzung erfährt – ihrem Kommandanten Major Henryk Sucharski wurde der Degen belassen –, dann ermißt man erneut, welche Tragödie jene Tage für Danzig eingeleitet haben.

In nächster Nachbarschaft der Stadtbibliothek erhebt sich das Gebäude des Wojewodzkie Archivum Panstwowe w Gdansku, das frühere Staatsarchiv. Sein Direktor Biernat erweist sich als handfester Germanist. Was er zu zeigen hat, findet großes Interesse, bietet auch Überraschungen mannigfacher Art: Archivmaterialien, von denen man bisher nichts gewußt hat und die ihrer Bearbeitung auch durch deutsche Wissenschaftler harren. Mit polnischer Gastlichkeit wird neben einem »geistigen« Getränk – wie überall sonst – ein Glas Kaffee angeboten. Mit Überraschung nehme ich zur Kenntnis, daß Damen mit Handkuß begrüßt werden. Dasselbe Bild bietet sich im »Instytut Bałtycki«, dem Baltischen, besser Ostsee-Institut, unter der Direktion Potockis; auch hier wird von der Möglichkeit zur Zusammenarbeit aller Ostseehäfen, einschließlich derer der Bundesrepublik, gesprochen.

Bild rechts oben: An der Mottlau in Danzig, mit Hevelius-Sternwarte und Krantor; unten: Der belebte Danziger Hafen. Nächste Seite oben: Das prachtvolle Hohe Tor in Danzig; unten: Blick durchs Langgasser Tor zum Rathaus. Übernächste Seite: Die Marienkirche als Krone von Danzig.

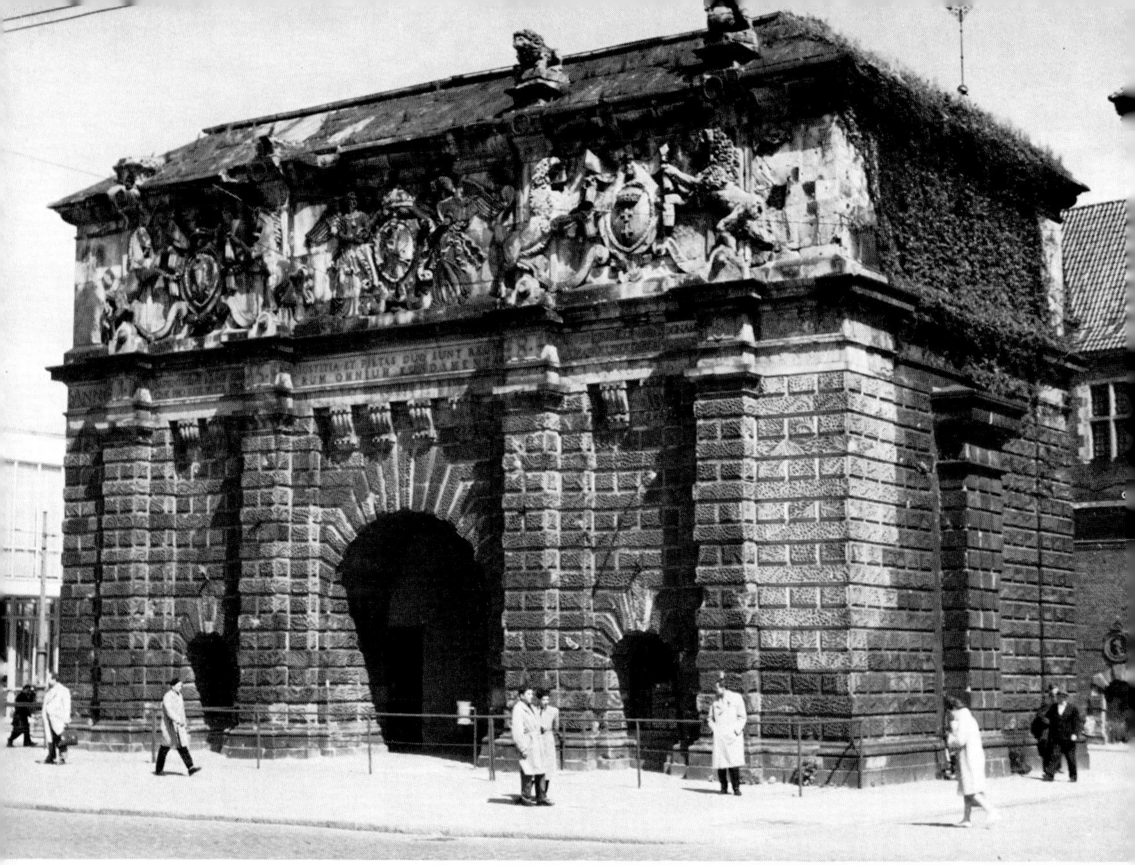

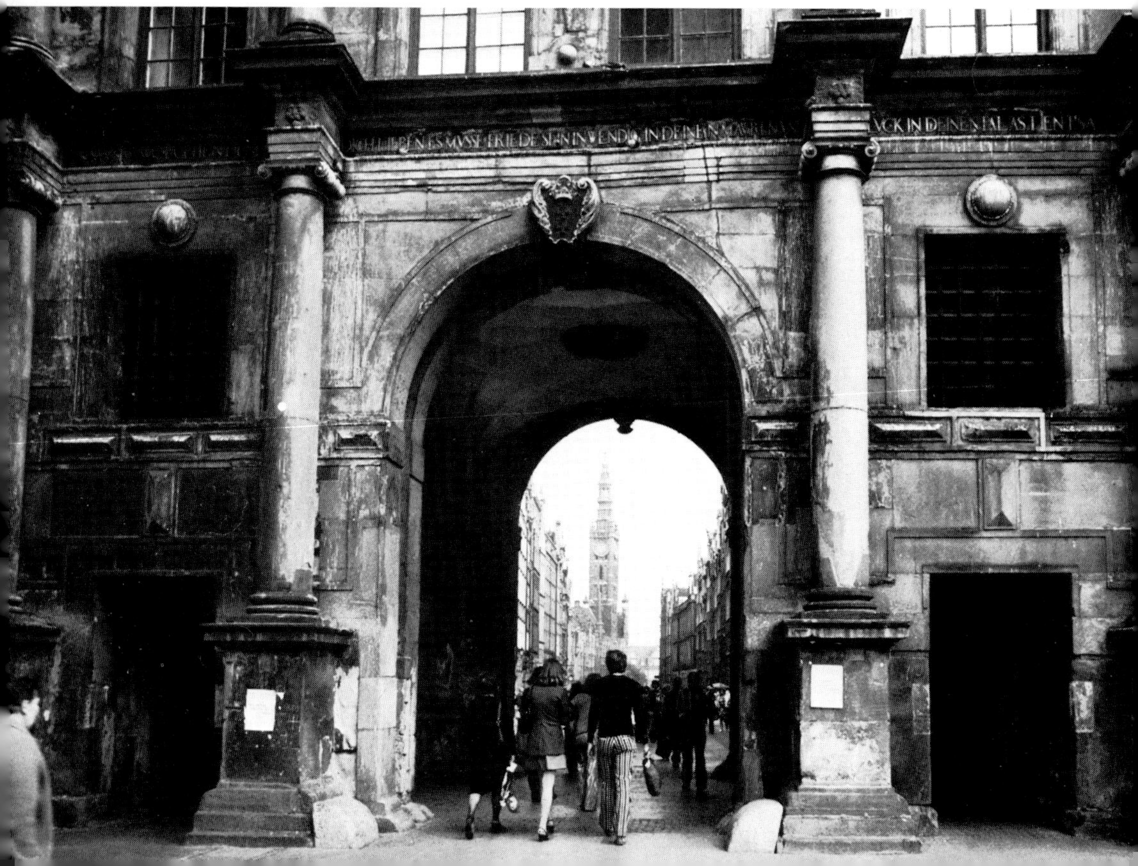

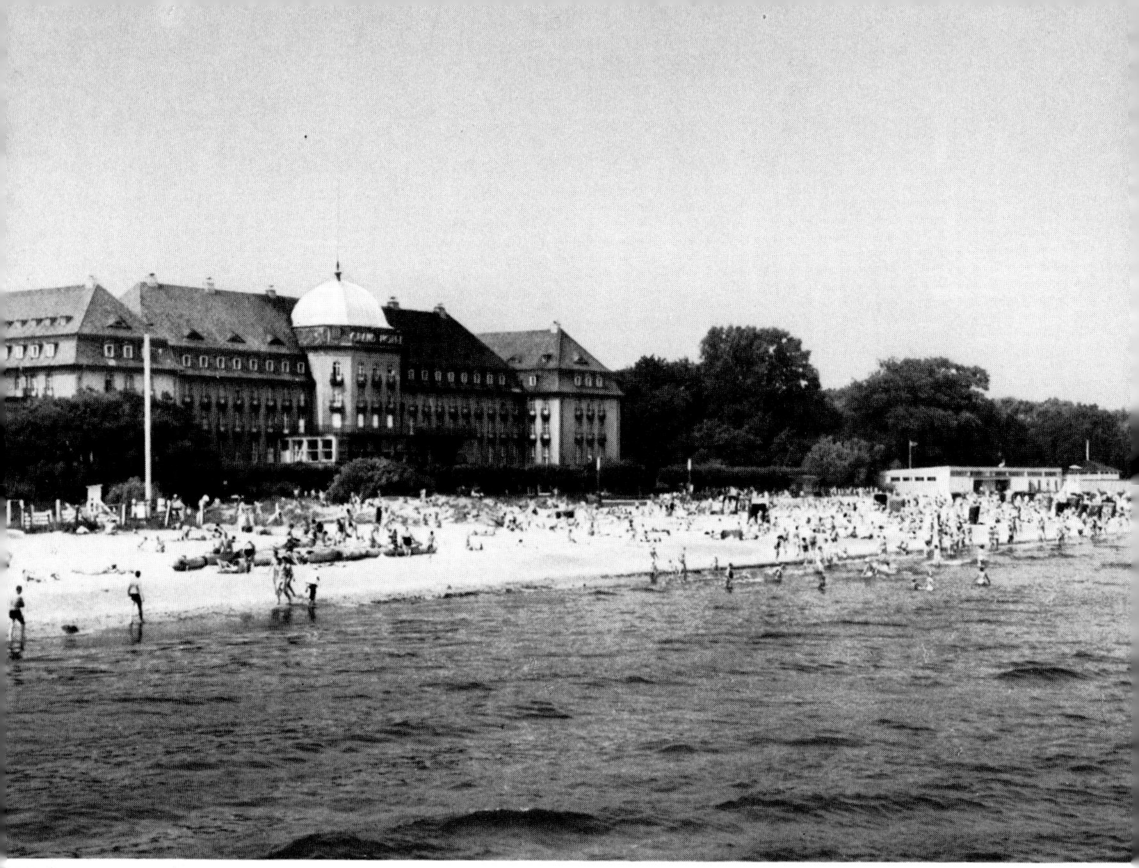

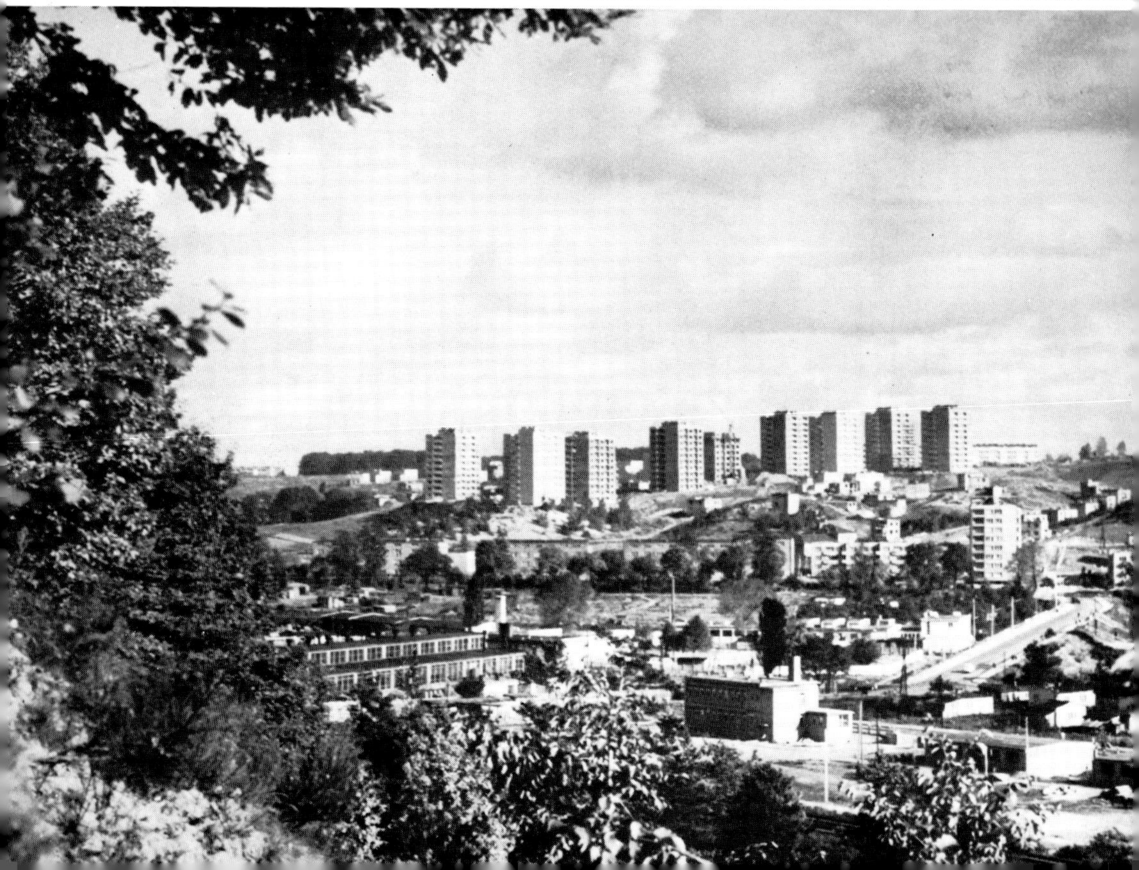

Dann geht es durch die Aleja Grunwaldzka, die frühere Langfuhrer Allee, vorbei an der Front der Technischen Hochschule, nach Zoppot hinaus. In der dortigen Universitätsbibliothek (Biblioteka Glowna Universytetu Gdąnskiego) wird bei Direktor Binerowski Station gemacht. Ich erfahre, wie zahlreich die schon existierenden Hochschulen in der Dreistadt Danzig-Zoppot-Gdingen sind und daß im Rahmen eines geplanten Universitätskampus in Zoppot ein Neubau der Universitätsbibliothek erfolgen wird. Dabei sollen auch deutsche Erfahrungen mit neuesten Universitätsbibliotheken zu Rate gezogen werden. Überall wird Gastlichkeit und Höflichkeit in imponierender Weise an den Tag gelegt, echtes Interesse an Kontakten, Zusammenarbeit und Austausch bekundet. Ehe die großen politischen Fragen zwischen Polen und Deutschland geregelt sein werden, bietet sich hier manche zu nutzende Chance an wissenschaftlichen Verbindungen, mitmenschlichen Kontakten und dem Bemühen um Ausgleich und Aussöhnung nach so viel bitteren Geschehnissen an. Mit einem Buchgeschenk in deutscher Sprache – zum Beispiel »Danzig – Vergangenheit und Gegenwart« mit 215 reich bebilderten Seiten, im Verlag Interpress-Warschau erschienen – verlassen wir die sehenswerten Stätten.

Nach Oliva und Zoppot

Bald ist die 2 Kilometer lange, auch heute noch prachtvoll lindenbestandene Langfuhrer Allee, an ihrem Ende mit Ausblicken auf den fast 100 Meter hohen Johannisberg und die Königshöhe, durchmessen. Wir nähern uns Oliva (Oliwa). Hier haben schon um 1170 Zisterziensermönche gesiedelt und ein Kirchlein erbaut, das nach dem Brand von 1350 durch die heute dort stehende Klosterkirche ersetzt wurde. Zuletzt war sie Kathedralkirche des exemten Bistums Danzig, in der 1938 der letzte deutsche Bischof Splett inthronisiert wurde. Der einstige Luftkurort, 1772 zu Preußen gekommen, wurde 1926 Danzig eingemeindet, nachdem 1907 das Fischerdorf Glettkau zu Oliva gekommen war.

Das herrlich gelegene, in hügelige Laubwälder eingebettete Oliva war schon immer beliebtes Ausflugsziel und Sommersitz Danziger Patrizierfamilien gewesen. Wer weiß noch, daß der Philosoph Arthur Schopenhauer hier seine ersten fünf Kinderjahre auf einem der sogenannten »Pelonker Höfe« verbracht hat? Oliva hat glücklicherweise nur geringfügige Kriegsschäden erlitten, allerdings betrafen sie gerade seine architektonischen Kostbarkeiten. Bewundernd stehen wir vor der Klosterkirche und bestaunen ihre schlanke Westfassade sowie das Renaissanceportal von 1688. Auch der durch Brand verlorengegangene schlanke Turmhelm ist wieder ersetzt worden. Ärger sieht es in dem schönen Schloßpark mit seinen einstmals bekannten Wasserspielen aus; ein Teil der Klostergebäude ist den letzten Kriegstagen zum Opfer gefallen. Wenn man dann das Innere der Kirche betritt, der strengen Linienführung bis zum Hochaltar folgt, die aufrauschenden Klänge der berühmten Orgel vernimmt – regelmäßig werden hier Orgelkonzerte veranstaltet –, dann weiß man, daß man hier an einem der weihevollsten Plätze in Danzigs Umgebung steht.

Weiter geht es nach Zoppot (Sopot). Seine Kriegsschäden machten nur 10 Prozent des Häuserbestandes aus. Wenn man in der Nähe des Seesteges und des ehemaligen Kasino-Hotels anlangt, reißt man die Augen auf: alles ist wie früher. Das Warmbad ist da, an anderer Stelle die Waldoper mit ihren 8000 Plätzen dient wieder künstlerischen Veranstaltungen, viele der Straßen und Plätze kommen einem altbekannt vor. Leben und Treiben herrschen auch heute in Zoppot. Seine Hügelkette mit ihren Laub- und Nadelwäldern bietet einen zauberhaften Ausblick auf die Ostsee und die Steilküste. Sinnend nehme ich zum Abschluß noch einmal auf einer der Bänke des Seestegs Platz und lasse die Touristen an mir vorüberfluten. Ausflugsdampfer legen an, Menschen kommen und gehen – ich denke an schöne Zeiten in den zwanziger und dreißiger Jahren.

Von hier aus ist es nur ein Katzensprung nach Gdingen (Gdynia). Aus dem einstmaligen kleinen Fischerdorf haben die Polen einen modernen Seehafen geschaffen, die Stadt hat fast amerikanischen Anstrich. Mit Ausnahme der schwer zerstörten Hafenkais und der Wellenbrecher war Gdingen selbst nur zu 17 Prozent mitgenommen worden. So bietet sich heute bei der Autofahrt durch seine Straßen und bei einem Besuch seiner lukrativen Geschäfte ein durchaus modernes Bild. Von den Anhöhen über dem Hafen geht an klaren Tagen der Blick übers Meer bis auf Hela.

Spätabends geht es zurück. In Langfuhr wird in dem russischen Restaurant »Newa« Station gemacht. Nach dem Abendessen kommt es zu einem angeregten Gespräch mit den sachkundigen polnischen Begleitern. Was haben diese Menschen nicht alles erlebt! Uns erfüllt es mit Dank, daß sie nicht nur von den bösen Deutschen sprechen, die ihnen Furchtbares angetan haben, sondern auch von humanen Gesten und anständiger Gesinnung, die ihnen vielfach die Existenz über schwerste Jahre hinweg ermöglicht hat, berichten. Freilich lassen sie keinen Zweifel daran, daß es nun ihr Gdańsk, Oliwa und Sopot ist – eine jahrhundertelange deutsche Geschichte ist verspielt worden. Mögen menschliche Gesinnung und europäisches Denken wieder zueinanderfinden lassen!

Zur Frischen Nehrung

Zweimal hat es uns zur Frischen Nehrung und an die Ostsee gezogen. Durch das Grüne Tor, die Milchkannengasse, weiter durch Langgarten führt der Weg in das Danziger Werder, eine tiefgelegene, von Deichen und Schöpfwerken umsäumte Landschaft. Wer sie wiedersehen möchte, sollte zuvor in den Lebenserinnerungen des 1865 in Güttland geborenen Max Halbe oder in seinen Dichtungen Umschau halten. Immer spinnt man sich dabei in Landschaft und Menschentum des westpreußischen Weichsellandes ein.

Über Gottswalde führt die in gutem Zustand befindliche Chaussee nach Käsemark, wo die Weichsel jetzt neu überbrückt worden ist. Von hier geht es immer an der Weichsel entlang. Die markanten Giebelhäuser mit ihren Vorlauben kommen in Sicht, manche von ihnen sind neu hergerichtet und farbig sehr auffallend. Früher erzählte man sich, daß die Zahl der Säulen an den Vorlauben der Anzahl der Hufen Landes ihrer Besitzer entsprechen müsse. Auf einer weiteren Fahrt wird bei Einlage die Tote Weichsel passiert, dann kommt Nickelswalde (Mikoszewo) in Sicht.

Das Auto hält und wir warten auf die Fähre, die gerade vom gegenüberliegenden Ufer abstößt. Jeder von uns hat hier seine bewegenden Erinnerungen: der eine ist bei Eistreiben Ende Januar 1945 ins Werder übergesetzt, ich selbst kam erst am 27. April von der Nehrung herüber und wurde mit einem Marineprahm, der von Menschen überfüllt war, nach Hela gebracht. Es war ein trauriger Weg, den ungezählte Flüchtlingsscharen zurückgelegt haben, oft war es der Glücksgewinn in der Lebenslotterie, wenn man das rettende Ufer erreicht hatte.

Nun gleitet die Fähre vollbeladen mit Autos, Fuhrwerken und Menschenfracht langsam nach Nickelswalde hinüber. Auf der Weiterfahrt geht es durch das Dörfchen Steegen, dann wird in Stutthof Pause eingelegt. Hier befand sich ein Konzentrationslager, in dem Deutsche, Polen, Skandinavier und Menschen vieler anderer Nationalitäten qualvolle Jahre verbracht haben und zu Zehntausenden hingestorben sind. Ein würdiges Denkmal erinnert an die

Bild rechts oben: Reger Badebetrieb am Ostseestrand bei Kahlberg; unten: Erholungsheime in Kahlberg auf der Frischen Nehrung. Nächste Seite oben: An der Nogat erhebt sich wieder die Marienburg; unten links: Kreuzgang; unten rechts: Fassade und Kreuzgang. Übernächste Seite: So bietet sich die Marienburg bei einem Rundgang dar.

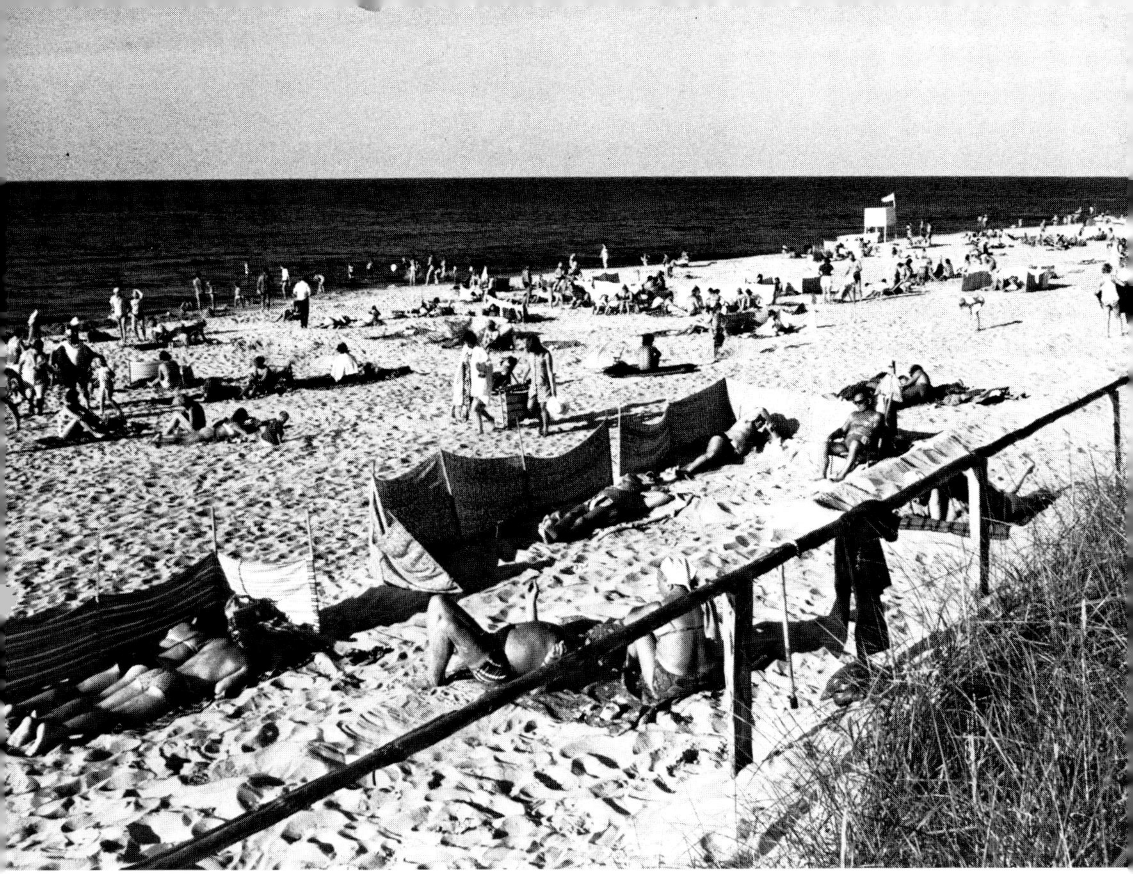

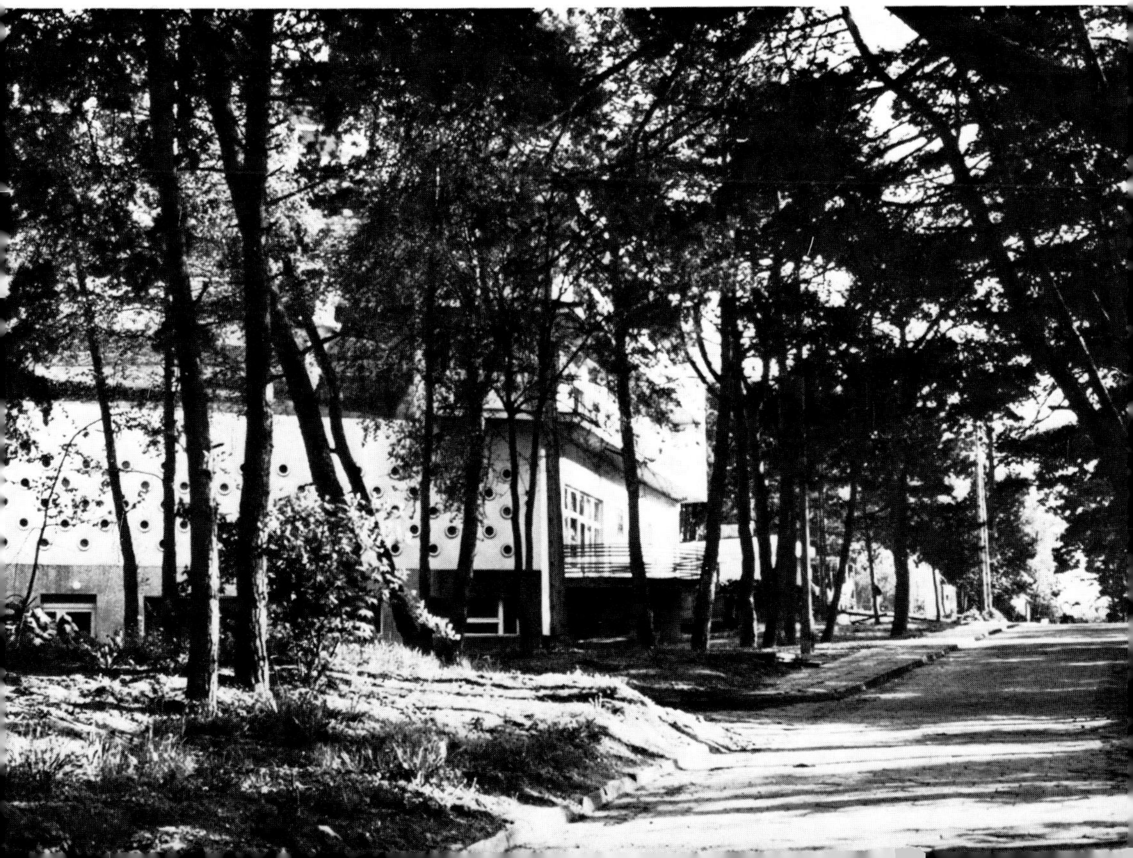

Leiden dieser Opfer. In der Verwaltung des ehemaligen Lagers gibt es noch Hunderte und Aberhunderte Karteikarten; ich lasse nachschlagen und finde die Namen von Bekannten aus Ostpreußen.

Mit Bodenwinkel und Vogelsang sind wir auf der Frischen Nehrung. Auf der in gutem Zustand befindlichen Nehrungsstraße wird Liep und gleich darauf Kahlberg (Krynica Morska) erreicht. Bewegt gleitet mein Blick über das Frische Haff und ich erkenne auf der anderen Seite Tolkemit und die Türme des Doms von Frauenburg. Dann bietet sich das einst vor allem bei den Elbingern so beliebte Bad Kahlberg an. Wie oft habe ich hier in Friedenstagen geweilt, es zuletzt Ende April 1945 eilig passiert, während von Tolkemit aus russische Artillerie herüberschoß. Manches erkennt man aus alten Tagen wieder, vieles ist neu, vor allem Ferienheime für Kinder und Betriebsangehörige. Alles macht einen ordentlichen Eindruck; Geschäfte und Lokale sind in Betrieb, unablässig strömen Badegäste durch den Ort.

Wir fahren vorerst die Nehrungsstraße, die früher für Autos gesperrt war, noch 11 Kilometer weiter. Dann ist beim Dorf Neukrug die Grenze zur UdSSR erreicht. Hier versanden Weg und Steg. Kein menschlicher Fuß berührt den Pfad, auf dem man einst nach Narmeln und Pillau weitergewandert ist. Ich atme die würzige Luft, die von der See in den Nehrungswald herüberweht. Windgebeugt stehen die heimatlichen Kiefern, aber auch manche fremdländischen Koniferen. Da ist auch noch das »Kamel«, die bucklige Kuppe einer hohen Düne. Nur der Aussichtsturm, von dem man den Umblick auf den langgestreckten schmalen Nehrungsstreifen und über Haff und Meer genoß, steht nicht mehr. Langsam steige ich durch die »Kaddigschweiz«, durch Wacholdersträucher, Sanddisteln und begraste Kuppen, zum Meer hinab.

An einem Seitenweg wird Station gemacht, und nun geht es zur Ostsee hinunter. Da sind sie wieder, die bewaldeten und am Ende nur von Sträuchern bestandenen Dünen, da ist sie, die See, deren Brandungswogen unaufhörlich an den Strand rollen. Ein erfrischendes Bad wird genommen, im weißen Sand ruhen wir hernach aus oder suchen am Meeresufer zwischen angespültem Tang nach ein paar Körnchen Bernstein. Auch hier wird uns von älteren Leuten Bernstein angeboten, und der begehrte geräucherte Aal wird ebenfalls verkauft.

Aufs tiefste bewegt von so vielfältigen, erst recht persönlichen Eindrücken und Erinnerungen geht es am Abend nach Danzig zurück. Was für ein schönes Land, welch zauberhafte Stadt! Welch ein Glück, daß man dies alles sehen und erleben durfte! Ein Stück eigene Jugend, eine jahrhundertealte Periode deutscher Geschichte, seit dreißig Jahren nun polnischer Besitz.

Wiedererstandene Marienburg

Schmerzlich ist der Abschied von Danzig. Tag um Tag, zwei Wochen hindurch, wurden wir nicht müde, dieses Juwel von allen Seiten zu betrachten und uns an der alten Hansestadt zu erfreuen. Lange noch schauen wir zurück, ehe das Auto in Richtung Käsemark und Neuteich, quer durch das Danziger, dann das Marienburger Werder seinem Reiseziel zustrebt. Bei Kalthof wird die Nogat überquert.

Oft habe ich in Marienburg (Malbork) geweilt, immer erneut vor dem Hochmeisterschloß gestanden, zuerst bei Schulausflügen, dann mit Professor Ziesemer als Student, schließlich als Journalist anläßlich von Tagungen und Empfängen. Wie werde ich dieses Dokument ritterlicher Kultur, dieses einmalige Sinnbild geistigen Lebens und politischer Macht, das seinesgleichen im Osten suchte, wiederfinden? Ich weiß, daß hier bei der sinnlosen Verteidigung erbitterte Kämpfe bis zum 19. März 1945 getobt haben, die Ostseite schwer beschädigt, der Schloßturm heruntergeschossen, der Chor der Schloßkirche mit dem Marienbild zerstört wurde und selbst bei Restaurierungsarbeiten noch ein Dachstuhlbrand für einige Zeit den Wiederaufbau lähmte.

Plötzlich hält das Auto am Nogatufer, wir steigen aus, reiben uns die Augen, es ist keine Halluzination: da erhebt sich am rechten Hochufer der Nogat, des östlichsten Deltaarms der Weichsel, wie früher die Marienburg.

Wir beschleunigen unsere Schritte und treiben bald im nicht abreißenden Touristenstrom, inmitten von Besuchern aus vieler Herren Länder, auch Schulklassen und Soldaten. Mauern, Türme und Giebel des Hochschlosses stehen in altgewohnter Wucht da, helle Flecken im Mauerwerk lassen erahnen, wie viel zerstört worden ist, aber auch, wie Jahre hindurch eine außergewöhnliche Aufbauleistung ein Symbol ritterlicher Kultur wiederstehen ließ, das Burg, Herrscherschloß und kulturelles Zentrum zugleich war.

Aus den Geschichtsstunden weiß man, daß hier 1309 der Deutsche Ritterorden anstelle Venedigs seine Residenz einrichtete. Man denkt auch daran, welches Auf und Ab die Marienburg im Laufe der Jahrhunderte erlebt hat:

Glanzzeiten bis zum Beginn des 15. Jahrhunderts, nach der Niederlage von Tannenberg 1410 und dem darauffolgenden Niedergang des Ordensstaates an Söldnerführer verpfändet und von diesen an Polen verkauft. Im 17. Jahrhundert stritten sich Russen und Schweden um sie, bis 1772 saßen dann die Polen hier als Herren, im 7jährigen Krieg diente sie russischen Truppen als Quartier. Nach Zeiten der Interesselosigkeit und des Verfalls setzte dann die Wiederaufbauperiode im 19. Jahrhundert ein. Man erinnert sich, daß der Dichter Max von Schenkendorf schon 1803 für die Einstellung der Abbrucharbeiten plädierte, daß der Sänger der Romantik, Joseph Freiherr von Eichendorff, 1844 seine aufrüttelnde Schrift »Die Wiederherstellung der Marienburg« verfaßte. Verdiente Namen wie Minister von Schrötter, Theodor von Schön, die vier Jahrzehnte währenden Leistungen des Baumeisters Conrad Steinbrecht, das alles hat man behalten.

Stunde um Stunde wandeln wir durch Wehrgänge und Räume, lehnen uns im Sommerremter mit dem feinfaltigen Palmengewölbe an den sagenumwobenen einzigen tragenden Granitpfeiler, probieren dasselbe auch im Winterremter und bestaunen im 30 Meter langen und 15 Meter breiten Großen Remter das Sternengewölbe. Ob im Hochschloß, im Mittelschloß oder in der Vorburg, ob in den Höfen mit dem Brunnen vor Meisters Großem Remter, in Ausstellungsräumen oder Kellergewölben: hier ist ein Bauwerk wiedererstanden, das als ein großartiges Dokument europäischer Kunstgeschichte gilt und im Osten seinesgleichen sucht. Freilich, manches muß noch gestaltet werden, wobei architektonische Spielereien des 19. Jahrhunderts zu Recht verschwinden.

Die Stadt Marienburg ist untergegangen; das heutige Malbork ist etwas ganz anderes. Von den »Lauben« ist nichts mehr da, auch große Teile der alten Stadt sind in Schutt und Asche gesunken. Zwar ist das alte Rathaus von 1380 renoviert worden, die katholische Kirche auch, ebenso kann man Töpfer- und Marientor in etwa wiedererkennen, alles andere ist neu, sehr ordentliche Bauten, aber eben Malbork und nicht Marienburg.

Der Abschied von Marienburg endet leider niederdrückend: eine Reiseteilnehmerin sucht auf dem Jerusalemer Friedhof das Grab ihres Großvaters. Wir steigen über die erhaltengebliebene Umfassungsmauer, können die baumbestandenen Wege noch erkennen, aber die Grabkreuze sind allesamt umgestürzt, Unkraut überwuchert die Flächen. Dasselbe Bild trostlosen Verlassenseins wie auf vielen deutschen Friedhöfen. Erst nach langem systematischem Suchen finden wir das Grab und können es einigermaßen herrichten. Bedrückt treten wir die Weiterfahrt über Altfelde nach Elbing an.

Erschütterndes Wiedersehen mit Elbing

Nach dreiunddreißig Jahren betrete ich eine Stadt, in der ich vier Jahre gewohnt habe. In für mich politisch schwierigen Zeiten war ich beruflich bei der Haffuferbahn und dann bei der Schichauwerft untergekrochen. Manche freie Stunde hatte ich zu Spaziergängen durch die alte Hansestadt, zu Ausflügen an den Drausensee, erst recht in die nähere und weitere Umgebung Elbings genutzt. Wie würde ich nun mein einstiges Domizil wiederfinden?

Schon von weitem grüßt der 96 Meter hohe Turm der im 14. Jahrhundert entstandenen Nicolaikirche. Bald muß dann ja die ihn umgebende Altstadt von Elbing (Elbląg) in Sicht kommen. Ein Panjewagen zwingt unser Auto zu besinnlicher Fahrt, in Ruhe können wir alles betrachten. Da kommt schon der Elbingfluß in Sicht, aber wir finden uns an seinem Ufer nicht zurecht. Am Hermann-Balk-Ufer mit den alten Häusern der Fischerstraße fehlt vieles, auch das Bild der Schiffe und Boote auf dem Wasser wirkt kümmerlich.

Gleich werde ich in den Straßen stehen, durch die ich Jahre hindurch täglich gegangen bin: Brückstraße, Heilig-Geist-Straße, Spieringstraße und wie die alten Gassen mit den schönen Patrizierhäusern alle hießen. Da war doch in der Spieringstraße das Kamelhaus, in der Wilhelmstraße das Kramer-Zunfthaus mit dem Carl-Pudor-Museum, in der Heilig-Geist-Straße standen herrliche Fachwerkbauten aus dem 17. Jahrhundert. Da war auch gleich dabei der Klosterhof, Stätte sommerlicher Konzerte, die ich eine Zeitlang mit Hilfe eines »Befreiungsscheines« der Reichsschrifttumskammer für die »Elbinger Zeitung« besprechen konnte, ehe diese gleichgeschaltet wurde. Da habe ich am Friedrich-Wilhelm-Platz vor dem Rathaus gestanden oder dicht dabei im Café Maurizio gesessen. Wie wird es wohl am Markttor von 1319 aussehen, wie vor dem Verwaltungsgebäude der Schichauwerft und dem anschließenden Verwaltungsbau der Haffuferbahn? Stobbes Eck mit seinen Getränken wie Boonekamp, Doctor, Elbinger Kräuter, Karthäuser und Machandel und Englisch Brunnen mit seinem vielgerühmten Bier nicht zu vergessen!

Das Auto rollt der Nicolaikirche zu. Fassungsloses Entsetzen packt mich: Rings um die gut renovierte Kirche stehen ganze fünf wiedererrichtete Häuser der Heilig-Geist-Straße. Von einem einzigen nur war das Türportal übriggeblieben, darum herum hat man die Fassade und dann fünf Nachbarhäuser wiedererrichtet; alles ist noch unverputzt. Wo Häuserzeilen und Straßenzüge in dichter Reihenfolge verliefen, da steht heute nichts.

Nachdem ich mich ein wenig vom ersten Schock erholt habe, gehe ich auf Elbings Wahrzeichen, das Markttor, zu. Wo Häuser um Häuser standen, gibt es heute nur Grünanlagen. Wie ein makabrer Treppenwitz der Weltgeschichte mutet es an, daß hinter dem Markttor das langgestreckte Verwaltungsgebäude der Schichauwerft steht. Es dient heute einem Turbinen- und Motorenwerk, das nun den Namen eines Generals Swierczewski (»Karol Swierczewski Mechanical Engineering Works«) trägt. Hier bin ich tagaus, tagein hineingegangen, heute kann man es nicht mehr. Schnell noch ein paar Schritte weiter: da fährt ja wie früher die Haffuferbahn in Richtung Tolkemit, Frauenburg und Braunsberg! Ich erzähle meinen Reisebegleitern, daß ich hier einmal die rote Mütze auf dem Kopf gehabt habe und Züge abfahren ließ. Ironisch fragt jemand: »Und die sind wirklich angekommen?« Ja, sie sind angekommen und kommen auch heute wieder in Groß Röbern, Succase-Haffschlößchen und so weiter an, aber das Verwaltungsgebäude der Haffuferbahn ist vom Erdboden verschwunden. Wo mögen die Rieseler, Hamann, Biermann, Katschinski, Thulke, die ich gekannt habe, geblieben sein?

Allmählich fasse ich mich und versuche, die ersten Eindrücke zu ordnen. Wir begeben uns in Richtung Friedrich-Wilhelm-Platz und suchen das Rathaus vergeblich. Nachdem in den letzten Januartagen 1945 überraschend mehrere russische Panzer bis hierhin vorgedrungen waren und wild um sich geschossen hatten, wurde die Stadt törichterweise drei Wochen hindurch verteidigt; dabei sind mehr als 60 Prozent der einstmals fast 100 000 Einwohner zählenden Handels- und Industriestadt in Schutt und Asche gesunken. Das Rathaus steht nicht mehr, viele andere Bauwerke seiner Umgebung auch nicht. Aus dem Friedrich-Wilhelm-Platz ist ein Plac Słowoinski, aus der Friedrichstraße eine Ulica Fryderyk, aus dem Mühlendamm eine Ulica 3. Maja, aus der Königsberger Straße eine Ulica Armii Czerwonej und aus der Tannenbergallee eine Ulica Grunwaldzka geworden.

Das Auto fährt die letztgenannte Straße in Richtung Hauptbahnhof. Manches erkennt man wieder, zum Beispiel das Gebäude der Großmolkerei Schroeter, gegenüber die ehemalige Lokfabrik Trettinkenhof. Da ist auch schon der Bahnhof, und nun geht es links in die Pott-Cowle-Straße, wo der alte Schlachthof noch steht. Vorsichtig biegt unser Auto in die Trusostraße ein. Hier scheint alles noch beim alten geblieben zu sein. Tatsächlich, da steht auch das Haus Trusostraße 24, in dem ich vier Jahre gewohnt habe. Ich steige aus, fotografiere, finde noch die alte Hausnummer, spreche mit ein paar neugierigen polnischen Bewohnern. Aber es ist nur noch die Fassade, die man kennt, andere Menschen haben jetzt hier ihr Domizil.

Kreuz und quer sind wir an zwei Tagen durch Elbing gefahren. Der Gesamteindruck bleibt im Stadtkern niederdrückend, man sieht sogar noch Schuttberge. Die Stadtverwaltung befindet sich jetzt in der stehengebliebenen Heinrich-von-Plauen-Schule und trägt die Amtsbezeichnung »Prezydium Miejskiy Rady Narodny w Elbląge«. Die von früher gewohnten Denkmäler sind verschwunden. In der Umgebung der Pott-Cowle- und der Trusostraße stehen das frühere Wehrmeldeamt, das Finanzamt, das Krankenhaus und die Hochschule für Lehrerbildung. Wie in vielen anderen Städten blieben die Kasernen erhalten und dienen heute denselben Zwecken.

Bald wage ich mich auch in die Umgebung hinaus. Auf der Straße nach Trunz und Preußisch-Mark sowie in der Pangritz-Kolonie ist manches erhalten geblieben, bedarf aber dringend der Renovierung. Es gibt viele Neubauten, zum Beispiel in der Königsberger oder in der Junkerstraße. Thumberg, Vogelsang mit seinen uralten Baumbeständen und reizenden Spazierwegen bieten sich wie einst dar, auch eine Wanderung durch die Lönsallee zum Volksbad Klein-Röbern erinnert an alte Tage.

Das ist also das heutige Elbing. Es zählt an die 87 000 Einwohner, wirkt aber wie eine provinzielle Mittelstadt. Was einst Elbings Bedeutung ausmachte, Hafenumschlag, landwirtschaftlicher Güteraustausch, Ausflugsverkehr, erst recht namhafte Industrieunternehmen wie Schichau, Loeser und Wolff, Komnick/Büssing, Kusch und Ilgner, Schroeter und andere, das ist alles Vergangenheit. Am Westrand der Elbinger Höhe, am still versonnenen Drausensee mit seinen Tauchern, Rohrdommeln, Löffelenten, ja sogar wilden Schwänen, den man bei Ausflugsfahrten zum Oberländischen Kanal – wo »Schiffe über Berge fahren« – passierte, fühlt man sich ein wenig in die historische Vergangenheit Elbings zurückversetzt.

1237 kam der Landmeister Hermann von Balk hierher, um mit Erfahrungen, die er schon bei anderen Städtegründungen gesammelt hatte, in der Gegend des alten Truso eine Ordensburg zu errichten. Lübecker Kaufleute und westfälische Siedler taten ein übriges, diese Burg nebst Siedlung rasch aufblühen zu lassen. 1367 war Elbing bereits führend im Städtebund der Hanse, stellte sich aber 1441 gegen den Ritterorden und wählte König Kasimir von

Polen zum Herzog, zerstörte auch 1454 die Burg. Seit 1457 war Elbing Freie Stadt, unter polnischer Oberhoheit bis 1772. Polnische und schwedische Könige haben wiederholt in seinen Mauern geweilt. Im Jahre 1710 rühmt ein Geschichtsschreiber von Elbing: »ein fürnemes Glied der Hansee-Städte und eine treffliche Handel-Stadt«. Ja, die Elbinger wußten stets, ihre Interessen wahrzunehmen. Als dann das industrielle Zeitalter anbrach, ging es hier rasch aufwärts, aber schon in den dreißiger Jahren unseres Jahrhunderts herrschte im Zusammenhang mit der Weltwirtschaftskrise die größte Arbeitslosigkeit, die es in Deutschland gab. Der Staat mußte bei manchem Industriewerk als letzter Retter in der Not helfend einspringen.

Hohe Brücke, Leege Brücke, Siebengiebelhaus, Stadttheater, Stadtarchiv – wieviel Erinnerungen an gute Tage verknüpfen sich für den Besucher immer noch mit Elbing. Das Stadtarchiv wurde rechtzeitig ausgelagert, es befindet sich heute in Danzig. Hohe Blüte in manchen Jahrzehnten, aber auch zerstörende Kämpfe und tiefes Absinken charakterisieren die Geschichte Elbings. Es wird noch Jahre dauern, bis die Stadt ihre einstige Bedeutung auch nur annähernd wiedererlangt haben dürfte. Sehr bewegt nehme ich noch einmal im Inneren der gut restaurierten Nicolaikirche Platz und denke an jene Jahre, in denen ich ein anderes Elbing kannte, unter Mitmenschen fröhlich hier lebte – ein Elbing, das weitgehend untergegangen ist. Eine Buchgabe »Elbląg 1945 and today« veranschaulicht das nachdrücklich.

Dennoch will die Erinnerung an das alte Elbing nicht versinken. Als 1958 der Oberdomprediger Bruno Doehring seinem Schulkameraden, dem Elbinger Dichter Paul Fechter, die Trauerrede hielt, erinnerte der wortgewaltige Redner an den Schöpfer des »Wartenden Landes« und »Die Fahrt nach der Ahnfrau«. Es gab ein etwas höhnendes Sprichwort »Es gibt so'ne, es gibt solche – und es gibt Albinger!«. An diese Elbinger gemahnte Paul Fechter, und Agnes Miegel hat anläßlich einer Geburtstagsfeier von ihm gesagt: »Ein bißchen wie ein Käpten, ein bißchen wie ein reicher Ohm, ein bißchen wie ein ehrbarer Kaufmann!« Ich finde, das ist typisch für viele »Albinger«. Ob im heutigen Elbląg davon noch eine Spur übrigbleiben wird?

In der Dörbecker Schweiz

Wie oft bin ich – zumal mit Freifahrschein! – mit der Haffuferbahn über Groß-Röbern, Wogenap, Steinort, Reimannsfelde, Succase-Haffschlößchen, Panklau, Cadinen bis Tolkemit und von dort aus mit dem Ausflugsdampfer nach Kahlberg auf die Frische Nehrung gefahren. Schön war aber auch die Fahrt von Tolkemit am Haffufer entlang, am Forsthaus Wieck vorbei über Luisental nach Frauenburg und Braunsberg. Jetzt geht es im Auto zu den Höhen der Dörbecker Schweiz. Immer wieder genießen wir an diesem zauberhaft klaren Herbsttag die Ausblicke auf Haff und Nehrung. In Succase-Haffschlößchen sucht man vergeblich das Wohnhaus des hier 1945 ermordeten Bahnverwalters Rieseler. Eine Gedenkstätte auf einer Anhöhe erinnert daran, daß hier mit Zwangsarbeitern Verbrecherisches passiert ist. Lenzen bietet sich mit einem schön geschmückten Vorlaubenhaus dar, der Vereinshof und das Schullandheim sind verschwunden.

Wie häufig bin ich durch die »Heiligen Hallen« von Panklau gewandert oder habe in Cadinen (Kadyny) im ehemals kaiserlichen Gut das Schloß, die Stallungen, die Majolikafabrik und erst recht die 1000jährige Eiche besichtigt. Sie steht heute noch, ist in ihrem mächtigen, teilweise hohlen Stamm ausbetoniert und durch einen Zaun vor Andenkenjägern gesichert. Immer noch ist sie Anziehungspunkt für Touristen, die auch heute Cadinen in großer Zahl aufsuchen. Die Ziegeleien arbeiten nur noch schwach, die Majolikafabrik produziert nicht mehr. In Cadinen residiert ein gastlicher polnischer Oberst, der gerne die Herrlichkeiten seines Pferdegestüts vorführt. Hier kann man sich getrost in Pension begeben. Stallung um Stallung mustern wir. Die Tiere sind Prachtexemplare, auch Trakehner darunter. Tolkemit (Tolkmicko) wirkt sehr still. Die einstmals bekannten »Tolkemitter Lommen« fehlen, ein paar Motorboote und ein Seenotrettungsboot liegen einsam am verlassenen Kai. Dampferverkehr zur Frischen Nehrung findet nur im Hochsommer statt.

Wir begeben uns wieder auf den Rückweg über Cadinen, verweilen noch

Bild rechts: Einsam ragt der hohe Turm von St. Nicolai in Elbing auf.
Nächste Seite oben: Nur schwer erkennt man Elbing wieder;
unten: Die Bartholomäikirche in Preußisch-Holland.
Übernächste Seite oben: Hohes Tor und Neues Rathaus in Allenstein;
unten: Blick auf das Bischofsschloß.

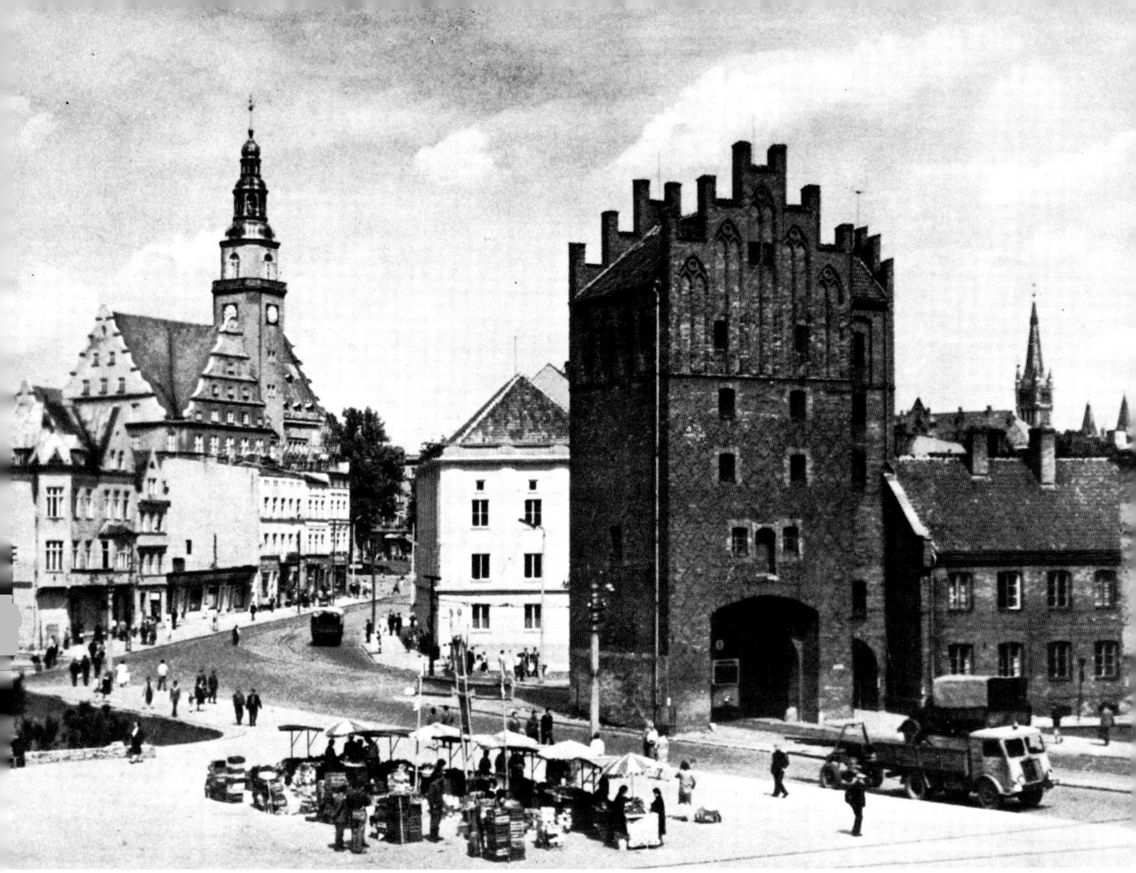

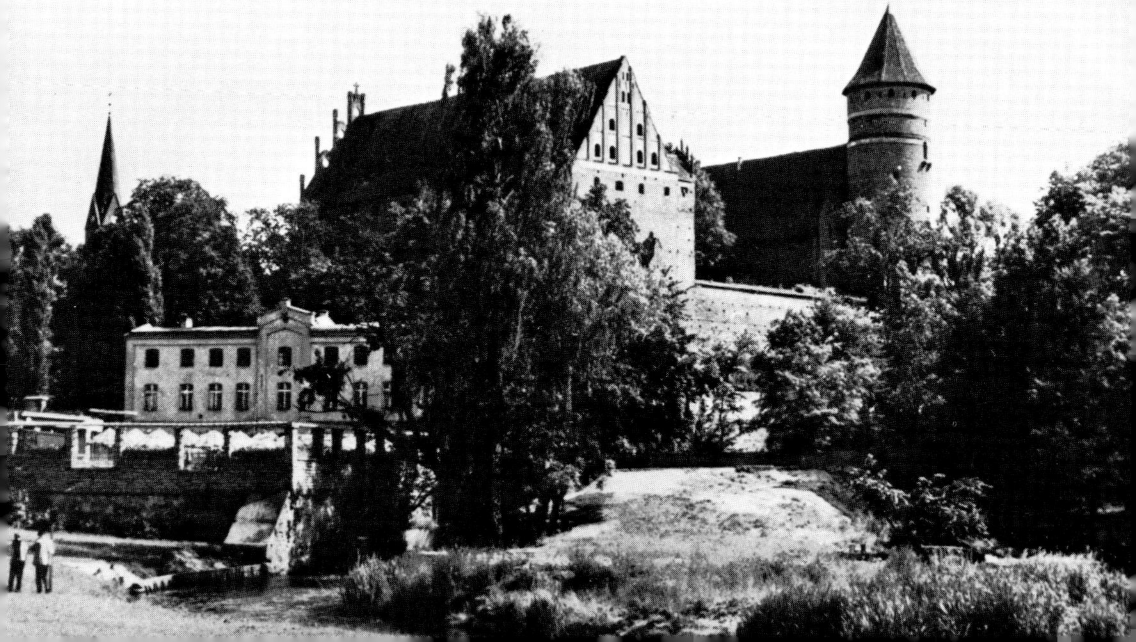

ein bißchen in seinem Park, durchmessen gelassen die uralte Kastanienallee und erhaschen auf der Weiterfahrt durch Buchenwälder immer wieder einen grandiosen Ausblick auf das Frische Haff. In Friedenstagen gehörte diese herrliche Landschaft mehrere Jahre hindurch zu den ständigen Ausflugszielen. Auch heute gibt es hier manchen Touristenverkehr, aber es fehlen die Beziehungen zu allem, was einst von Carl Pudor und anderen weitblickenden Elbingern geschaffen worden war. Allmählich kommt Elbing, im Tale gelegen, in Sicht; Nebel senken sich schon über die Stadt und decken sie wohltätig zu. Es ist ein Abschied für immer von Jahren, die man in seinem Leben nicht missen möchte.

Vielgesichtiges Allenstein

Oft bin ich von Elbing aus den Oberländischen Kanal entlang nach Osterode gefahren. Das Boot glitt vom Elbingfluß in den Drausensee, passierte dann die »Geneigten Ebenen« und gelangte durch zahlreiche kleine Seen schließlich nach stundenlanger angenehmer Fahrt nach Osterode am Drewenzsee. Ich habe noch lustige Szenen um Orte wie Kußfeld und den Duzkanal in Erinnerung. Diesmal durchfahren unsere beiden Autos die Elbinger Niederung, um bald das auf dem Steilufer der Weeske hoch gelegene, bewehrte Preußisch-Holland (Pasłęk) zu erreichen. Das einst tatsächlich von Holländern begründete Städtchen hat schon 1257 Stadtrechte erhalten und wirkt heute noch, wenn auch viel nüchterner, wie eine Idylle.

Nach kurzem Aufenthalt fahren wir weiter nach Mohrungen (Morąg). Es ist von Krieg und späterem Brand schwer gezeichnet worden. Vor allem die am Rathaus vorbeiführenden Straßenfronten und die südliche Stadtgegend waren sehr beschädigt. Man hat im Gedächtnis behalten, daß dies die Stadt ist, in der 1744 Johann Gottfried Herder geboren wurde. Sein Vater amtierte in Mohrungen als Lehrer und Küster. Der später berühmt gewordene Sohn verließ schon 1762 die Stadt. Sein Werk »Stimmen der Völker in Liedern« genießt auch bei allen Slawen hohe Wertschätzung, weil es Selbstwert und Eigenart ihrer Sprachen bewußt machte.

Im wiederhergestellten Rathaus ist eine ausgezeichnete Herder-Ausstellung untergebracht, deren Bilder, Bücher, Stiche usw. man interessiert betrachtet. Zahlreiche Buchausgaben sind Geschenke der DDR; man fragt sich, ob nicht auch die Kulturabteilung unseres Auswärtigen Amtes solche Stiftungen machen könnte? Alte Ansichten von Mohrungen, aber auch von Königsberg, hängen hier, Bücher tragen den Stempel »Stadtbibliothek Königsberg«. »Habent sua fata libelli« – Bücher haben ihre Schicksale – lernte man schon im Lateinunterricht!

Wenige Schritte vom Rathaus entfernt, an der zur Kirche führenden Straße, erhob sich Herders Geburtshaus, und dicht vor dem Kirchenportal steht auf einem Postament seine Büste, die neu errichtet worden ist. Rathaus und Kirche stammen aus dem Beginn des 14. Jahrhunderts. Die Kirche selbst ist gut renoviert worden, ihre farbigen Glasfenster zeigen in moderner Gestaltung Beispiele aus der polnischen Verfassungsgeschichte. Bei der Weiterfahrt entdecken wir noch manche Ruinen.

Je mehr wir uns Allenstein (Olsztyn) nähern, durch eine wellige baumbestandene Landschaft mit blinkenden Seen und immer dichter werdenden Wäldchen, um so stärker wird die Spannung. Wie oft habe ich in der Hauptstadt des einstigen Regierungsbezirks geweilt. Ich erinnere mich noch deutlich an Rathaus, Hohes Tor, die Laubenhäuser am Markt und vor allem an das Schloß, in dem Nicolaus Coppernicus acht Jahre gewirkt hat. An den schönen Ufern der Alle bin ich spazierengegangen, das Abstimmungsdenkmal im Stadtpark und den »Russenerker« am Neuen Rathaus würde ich sofort wiederfinden.

Ziel der heutigen Fahrt ist das »Hotel Warmiński«, ein einfaches, aber sauberes Haus, Treffpunkt ungezählter deutscher Touristengruppen. Man muß seine Zimmer lange vorher gebucht haben, sonst wird es mit der Unterkunft kritisch. Von Taxifahrern, Geldwechslern und deutschen Landsleuten werden wir sogleich angesprochen. Das »Hotel Warmiński« wird unser Standort für alle bevorstehenden Ausflüge in die ostpreußische Landschaft. Stadtpläne, Ansichtskarten und Souvenirs kann man an einem Kiosk vor dem bewachten Hotel-Parkplatz erwerben. Und so ausgerüstet treten wir den Rundgang durch Allenstein an.

Herz-Jesu-Kirche und Regierungsgebäude erkennt man sogleich wieder. Dann aber erblickt man einen neuartigen Bau. Es ist das »Planetarium«, das für Vortrags- und Ausstellungszwecke gedacht ist und das auch ein annehmbares Restaurant beherbergt. Auf dem Spaziergang zum Neuen Rathaus finden wir inmitten einer Grünanlage ein zweisockliges hohes Denkmal: den russischen Befreiern gewidmet. Über Geschmack soll man ja nicht streiten!

Das 1916 errichtete Neue Rathaus steht da wie eh und je. Auch die Gegend um die schöne St.-Jakobi-Kirche, wie überhaupt Straßen und Plätze, erscheinen altvertraut. Die Laubengänge am Alten Markt wirken gut restauriert, ebenso auch der Gang zum ehemaligen Bischöflichen Schloß. Lebhaftes Treiben herrscht auf den Straßen und um die Geschäfte; Buchhandlungen bieten interessante Werke an, unter anderem auch Bildbände über Allenstein in deutscher Sprache. Mit Erstaunen entdecke ich Bücher von Ernst Wiechert, seine »Jerominkinder« und »Der Totenwald« sind in polnischer Sprache zu haben. Die Straßen sind sauber, darauf wird streng geachtet. Immer wieder werden wir von deutschen Landsleuten angesprochen. Vor dem Schloß bietet sich eine Zigeunergruppe zum Wahrsagen an.

Das alles sind also die ersten durchaus positiven Eindrücke von Allenstein. Aus der einst 40000 Einwohner zählenden Regierungshauptstadt ist heute der 100000 Menschen beherbergende Sitz einer Wojewodschaft geworden. Erst später erfahren wir, auch anhand von Bilddokumenten, wie erschütternd und trist es hier Ende Januar 1945 beim Einmarsch der Russen ausgesehen hat. Inzwischen ist in zäher und beachtlicher Aufbauarbeit Erstaunliches vollbracht worden. Ohne jeden Zweifel ist Olsztyn heute Verwaltungsmittelpunkt, zugleich aber auch Wirtschafts- und Kulturzentrum für das polnisch gewordene Südostpreußen.

Zwei volle Tage werden dem Besuch wissenschaftlicher Institute gewidmet; in Allenstein befinden sich mehrere, die auch für die Bundesrepublik Deutschland von hohem Wert sind. Da ist zunächst das Wojewodschaftsarchiv, dessen Materialien zum Teil dem Königsberger Staatsarchiv entstammen. Nach Kriegsende wurden sie aufgrund ihrer Beziehung zum Regierungsbezirk Allenstein dorthin übergeben. Dabei handelt es sich vor allem um kostbare Folianten und Regesten aus der Ordensperiode. Mit dem Direktor und seinen Mitarbeitern kommt es zu einem fruchtbaren Gespräch; Austausch von Mikrofilmen aus den Materialien des Staatlichen Archivlagers in Göttingen (früheres Königsberger Staatsarchiv, jetzt Stiftung Preußischer Kulturbesitz) wird angestrebt. Deutsche Wissenschaftler haben bereits in Allenstein geforscht, polnische weilten in der Bundesrepublik Deutschland und erinnern sich dankbar der erwiesenen Gastlichkeit.

Hier ist nicht der Ort, um die Allensteiner wissenschaftlichen Einrichtungen gründlich zu behandeln. Wenigstens seien noch ein Diözesanarchiv und ein im Staatsarchiv untergebrachtes Adelsarchiv genannt. In diesem Adelsarchiv hat man zusammengetragen, was an Familienpapieren, Fotos usw. auf den Gütern der Dönhoff, Finckenstein oder Lehndorff noch aufgefunden wurde.

Von besonderer Bedeutung erwies sich der Besuch im Wojciech-Kętrzynski-Forschungszentrum in Allenstein (Osrodek Badan Naukowych im. Wojciecha Kętrzynskiego). Zunächst erkundigte ich mich nach der Namensgebung, denn auch – was sonst ungewöhnlich ist – die Stadt Rastenburg trägt heute die Bezeichnung Kętrzyn. Ich erfahre, daß es sich hierbei um den Sohn eines preußischen Gendarmen handelt, dessen Vatername ursprünglich Winkler war, der sich dann aber seiner masurischen Vergangenheit erinnerte und der in seinem von 1838 bis 1916 reichenden Leben zum bedeutenden Historiker aufstieg. In diesem Institut wird das Masurisch-Ermländische gepflegt, und mit den Wissenschaftlern Sikorski, Jasinski und Lietz kommt es zu gründlichen Unterhaltungen. Eine eigene Zeitschrift »Komunikaty Mazurski« und mehrere Veröffentlichungen werden vorgewiesen, als besondere Überraschung werden vollständige Bände der »Königsberger Volkszeitung« 1918/19 aufgeschlagen, von deren Existenz man bisher in der Bundesrepublik nichts gewußt hat.

Aus den wissenschaftlichen Begegnungen werden persönliche Kontakte. Ein Allensteiner Verlag bringt Bücher über Ermland und Masuren heraus, darunter einen vorzüglichen Bildband über Allenstein. Ein anwesender Schriftsteller Martuczewski überreicht sein neuestes humoriges Opus mit dem eigenartigen Titel »Von polnischen und nichtpolnischen Prussaken«. Ganz große Überraschung bereitet die Tatsache einer Ernst-Wiechert-Renaissance, dessen Werke man gerade zum 25jährigen Todestag ins Polnische überträgt. Das Studio Allenstein des polnischen Rundfunks bittet mich zu einem Interview und abends erhalte ich eine Einladung ins Haus eines polnischen Wissenschaftlers am Langsee, dessen Frau deutscher Herkunft ist. Mit polnischer Gastlichkeit werde ich aufgenommen und erfahre erst später, daß der Vater des Gastgebers, ein polnischer Lehrer im Westpreußischen, von den Nazis ermordet worden ist. Doch ermutigend meint die Hausfrau zum Abschluß des reizenden Abends: »Ob Pole oder Deutscher, ob Jude oder Christ, das ist doch schietegal – auf das Anständig-Menschliche kommt es an!«

Manche anderen Kontakte, gesuchte, aber auch zufällige, ergaben sich in diesen Tagen. In einem Lokal saß uns ein Buchdrucker gegenüber, der in Breslau geboren war und den es nach Allenstein verschlagen hatte. Nach einem gemeinsamen Umtrunk verschwand er, kam nach einer Weile, angetan mit Schlips und Kragen, wieder und überreichte unserer Bibliotheksleiterin ein gerahmtes Coppernicus-Bild. Es gab auch einmal einen Zwischenfall: Am Nachbartisch saß eine vergnügte Gesellschaft, mit der wir Grußworte wechselten. Plötzlich faßte sich eine junge Frau in den stattlich gewölbten Busen und holte – eine Brieftaube heraus! Natürlich mußte das fotografiert werden. Das hätten wir aber lieber nicht tun sollen, denn jemand holte sofort die Milicja herbei. Zu unserem Glück lief alles harmlos ab. Eine der nettesten Überraschungen war es, als uns in einem Restaurant eine deutsche Bedienerin zwei stattliche geräucherte Aale vermittelte. Sie war – so hätten wir früher gesagt – »e nettet flasskoppschet Marjellke«, und sie nahm sich zukünftig fast mütterlich unser an. Ob eine vorzügliche Borschtschsuppe, ob ein wohlschmeckendes Fischgericht, ob zu später Abendstunde ein in der Serviette verstecktes Bier, immer war sie um uns besorgt. Und zum Abschied gab es sogar noch ein Andenken. Ungeachtet bitterer Erlebnisse hatte sie sich ihren Humor bewahrt und haderte nicht mit ihrem Geschick.

Es war ein einschläfernd warmer Spätsommertag, als wir im Auto zu dem 30 Kilometer von Allenstein entfernten, waldumsäumten Schillingsee fuhren. Er liegt gleich hinter Alt-Jablonken (Stare Jabłonki), wo sich ein geräumiger Campingplatz befindet. Hier wurde ein Waldspaziergang unternommen, dann ausgiebig gebadet und schließlich ein Picknick mit unseren Aalen abgehalten. Langsam zog der Abend herauf, der Wald stand schwarz und schweigend, und über die Wiesen legte sich ein leichter Nebel. Schwaches Mondlicht überglänzte die Szene. Wie von selbst kamen uns die Worte »Land der dunklen Wälder und kristall'nen Seen« über die Lippen.

Durchs Ermland

Frühmorgens starten unsere Autos zur Fahrt ins Ermland, das im Rahmen der ostpreußischen Geschichte stets seinen Sonderakzent gehabt und seine Eigenart bewahrt hat. Überwiegend katholisch geblieben, war es 1466 bis 1772 an Polen gefallen. Sein vorwiegend bäuerlicher Charakter hatte jahrhundertealte Tradition bewahrt. Auch politisch war es in erheblichem Maße eine Domäne des Zentrums.

Wieder geht es durch die reizvolle Umgebung Allensteins mit Seen und Wäldchen. Bald kommt Guttstadt (naiv ins Polnische mit Dobre Miasto übersetzt) in Sicht. Das zwischen zwei Allearmen gelegene Städtchen scheint von der Kriegsfurie verhältnismäßig verschont geblieben zu sein. Man entdeckt Teile der mittelalterlichen Stadtbefestigung, unter anderem den Storchenturm, und die aus dem 14. Jahrhundert stammende Kirche.

Dann naht ein Glanzstück des Ermlands: von den Polen Lidzbark Warmiński genannt, uns als Heilsberg geläufig. Schon 1308 von Schlesiern besiedelt, am Zusammenfluß von Simser und Alle günstig gelegen, war es bereits seit 1350 Sitz der Bischöfe von Ermland. Durch das eindrucksvolle Hohe Tor begeben wir uns über die Langgasse zum Markt. Manche der barocken Giebel- und Laubenhäuser erscheinen neu aufgeführt.

Dann stehen wir vor dem Schloß, das glücklicherweise erhalten blieb und dessen Kriegsschäden gründlich ausgebessert wurden. 1350 hat man mit dem Bau des quadratischen Hochschlosses begonnen, von 1506 bis 1512 hat in dem nach der Marienburg sehenswertesten Profanbau der Ordenszeit Coppernicus amtiert. Ein Rundgang im Inneren läßt sogleich die zweigeschossigen Arkaden, dann erst recht den Remter bewundern. Auf einmal vernehmen wir Orgelmusik und gehören zu den andächtigen Zuhörern einer festlichen Stunde. Im Coppernicus-Jubiläumsjahr fehlt natürlich eine entsprechende Ausstellung nicht. Auch in der geschäftigen Stadt und beinahe in jedem Schaufenster wird Coppernicus ins Gedächtnis gerückt. Mockerberg, Kreuzberg und Dreilindenberg bieten noch einmal einen schönen Ausblick auf die Allestadt.

Weiter führt die Fahrt in Richtung Braunsberg (Braniewo). Vorher aber kommt Mehlsack (Pieniężno) im lieblichen Walschtal in Sicht. Nirgendwo auf beiden Reisen hat es einen so erschütternden Eindruck gegeben wie dort, wo einst Mehlsack stand. Wir stehen vor der restaurierten fünfschiffigen Pfarrkirche mit ihrem 60 Meter hohen Turm und finden von dem früher umstehenden gewerbefleißigen Städtchen nichts mehr. Fassungslos vor Entsetzen mustern wir aufgeräumte und inzwischen begrünte ehemalige Häuserflächen, Straßen, auf denen eine Gänseherde watschelt – vom einstigen Mehlsack keine Spur. Ein paar Schritte entfernt entdecken wir etwas bombastisch Weißes: das Ehrenmal für den am 18. Februar 1945 gefallenen Armeegeneral Iwan Danilowitsch Czerniachowski. Beim Versuch, das sogenannte Heilsberger Dreieck aufzuknacken, ist Mehlsack untergegangen. Nur am Stadtrand findet man ein paar stehengebliebene Häuser, unfreundliche kastenförmige Neubauten und ein paar mächtige Silos. Fröstelnd trotz der heißen Augusttage enteilen wir.

Die Weiterfahrt durch eine liebliche Landschaft beginnt zu versöhnen. Plötzlich hält das Auto auf einer Straßenbrücke. Wir wissen erst gar nicht, was das soll, und unser Reiseführer am Lenkrad sagt auch kein Wort. Endlich haben wir begriffen und vermögen kaum die Tränen zu unterdrücken: unter uns zieht sich das Band der Autobahn Elbing–Königsberg hin. In wenigen Minuten wäre man nahe dem russisch gewordenen Heiligenbeil, in gut einer halben Stunde in der Vaterstadt Königsberg. Totenstille herrscht, keiner sagt ein Wort. Völlig verlassen liegt die einst vielbefahrene Autobahn da. Kein Wagen, kein Mensch!

Bedrückt und stumm fahren wir weiter. Auch Braunsberg läßt die Gemütsverfassung nicht besser werden. Braniewo ist nicht mehr Braunsberg. Die Hauptstadt des Ermlandes ist vom Krieg schwer mitgenommen worden. Was sich einst lieblich am Passarge-Flüßchen – von dem man in Ferientagen mit dem Fischerboot zur Frischen Nehrung nach Narmeln übersetzte – darbot, sind heute niederdrückende Kirchenruinen, formlose Neubauten und wenig Ansehnliches, das stehenblieb. So nahe der Grenze zur UdSSR wimmelt es von Militär. Das Fotografieren erregt Aufsehen und läßt zur raschen Abfahrt raten.

Wollen denn die deprimierenden Eindrücke nicht enden? Auf einmal werden wir abgelenkt; da rattert doch die Haffuferbahn vorbei! Wie oft bin ich mit ihr von Elbing nach Braunsberg gefahren und habe mich gerade hier an der hügeligen Haffküste und am Blick über die glatte Wasserfläche bis hin zur Frischen Nehrung erfreut! Nun nähern wir uns der Domstadt Frauen-

68

Bild rechts: Blick auf Heilsberg.
Nächste Seite oben: Erschütterndes Wiedersehen mit Braunsberg;
unten: Der Marktplatz von Wormditt wird gerade restauriert.
Übernächste Seite: Aufblick zum Dom in Frauenburg.

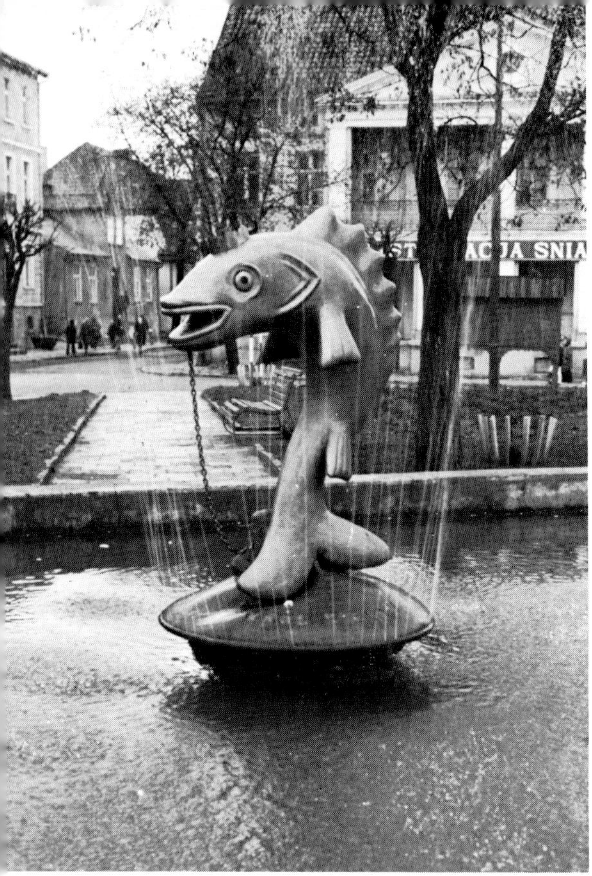

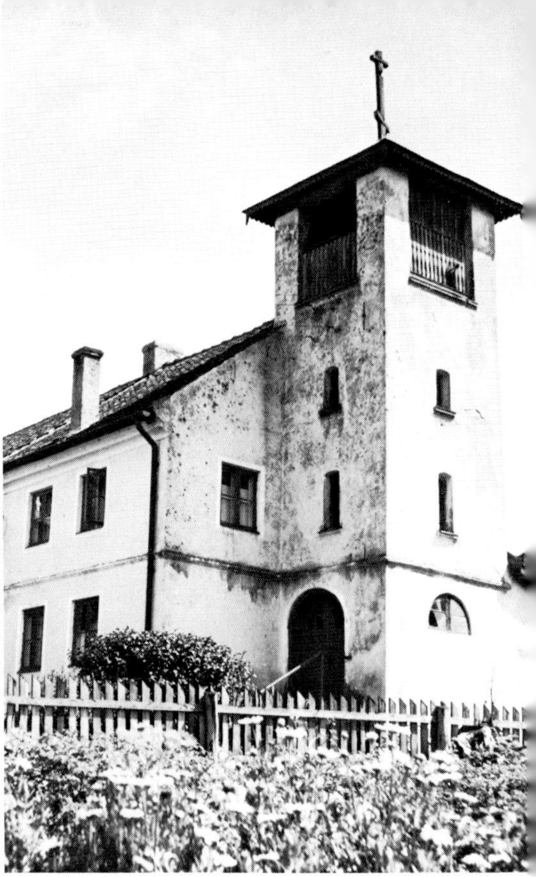

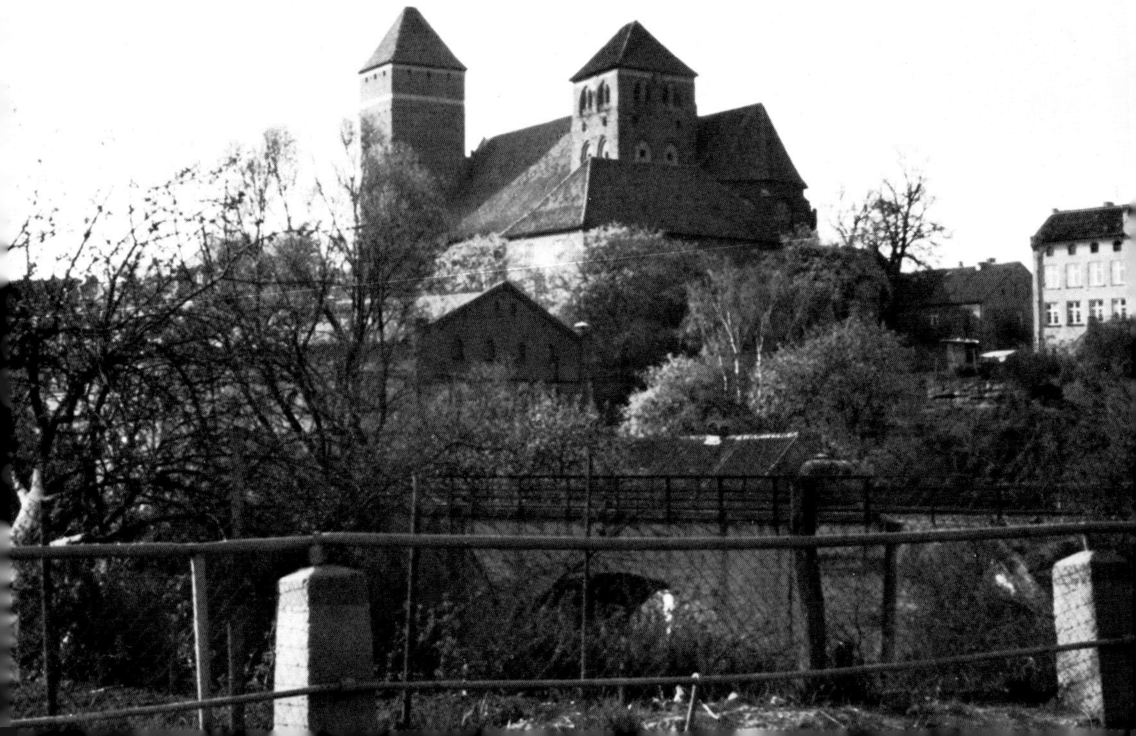

burg (Frombork). Wir bleiben skeptisch, denn wir hatten gehört, daß auch hier der alte Stadtkern dem Krieg zum Opfer gefallen sei. Voller Überraschung finden wir ein im Coppernicus-Jubiläumsjahr auf Hochglanz geputztes Städtchen vor. Alles ist piekfein sauber und auf internationalen Besuch eingerichtet. Natürlich geht der Blick zuerst zum auf dem 25 Meter hohen Uferberg errichteten Dom, der über dem gesamten Stadtbild dominiert. Dieses zwischen 1329 und 1388 erbaute Meisterwerk bietet sich wie altgewohnt dar. Doch nein, plötzlich entdecke ich am Berghang eine neue Kolossalstatue, die dem hier 1543 gestorbenen und auch begrabenen Nicolaus Coppernicus gewidmet ist.

Andachtsvoll reihen wir uns in den Strom der Besucher ein, erklimmen den Uferberg und stehen ergriffen vor dem wuchtigen Coppernicus-Turm mit dem wiederhergestellten Wehrgang, in dem er seine astronomischen Messungen durchgeführt hat. Dann betreten wir den Dom, vernehmen sogleich ein weihevolles Orgelspiel, das ein Geistlicher mehreren Schulklassen darbietet. Gemessenen Schrittes betrachten wir die reiche barocke Innenausstattung, stehen im 1349 vollendeten Chor, dem ältesten Teil des Domes, und wenden uns dann dem Domhof und den imponierenden Ausstellungen im Kapitelgebäude zu. Von den oberen Stockwerken gleitet der Blick an diesem spätsommerlichen Tag immer wieder sehnsuchtsvoll über das Haff zur Nehrung. Man gedenkt auch des Schicksals der Domherren, des 1947 verstorbenen Bischofs Maximilian Kaller, des aus der Verschleppung wiedergekehrten Domdechanten Aloys Marquardt, erst recht des ermordeten Domherrn Dr. Switalski und der in Gefangenschaft oder an den Folgen von Entbehrungen verstorbenen Domherren Hinzmann, Dr. Schwark, Kaiser, Dr. Gross und Dr. Hayduschka.

Beim Abstieg trenne ich mich für ein paar Augenblicke von den übrigen Reiseteilnehmern. Ein Braunsberger Studienfreund aus Königsberg, mit dem ich einst manche hochschulpolitischen Dinge gemeinsam erstritten habe und dessen Frau vor kurzem verstorben ist, hat um ein Säckchen Erde vom Domhof gebeten. Ich erfülle ihm diese Bitte.

Stunde um Stunde ist unter so vielgestaltigen Eindrücken verronnen, wir müssen an die Rückfahrt denken. Meine Bitte geht dahin, noch Wormditt zu besuchen, wo ich 1924 als Student meine erste Maifeierrede hielt. Auch Wormditt (Orneta) war vom Kriege arg gezeichnet. Es ist aber in erfreulichem Wiederaufbau begriffen. Die 1376 vollendete Backsteinbasilika St. Johannis ist sorgsam wiederhergerichtet worden, der Dachreiter des Rathauses, das man unter Denkmalschutz gestellt hat, wird gerade eingerüstet, ein er-

Bild links oben: Besuch in Nikolaiken; rechts oben: Ein Philipponendorf. Unten: Die St.-Georgs-Kirche in Rastenburg.

heblicher Teil der den Marktplatz umgebenden Laubenhäuser prangt in bunten Farben. Die Kriegsfurie hatte gerade an der Ostseite des Marktplatzes wüst zugeschlagen; viele Häuser waren hier zerstört worden. Die Westseite ist heute weitgehend restauriert, an der gegenüberliegenden Seite wird noch gearbeitet. Das polnische Amt für Denkmalschutz achtet auf eine historisch getreue Wiederherstellung der mittelalterlichen Bauten, und es steht zu hoffen, daß Wormditt in seinem Stadtzentrum bald wieder so aussehen wird, wie wir es in Erinnerung gehabt haben. Dann wird wohl auch die gewerbliche Wirtschaft, die bisher mit Sägewerken und Mühlen vertreten ist, stärker aufblühen.

Da stehe ich also sinnend da und denke daran, daß ich hier vor einem Halbjahrhundert meine erste Rede geschwungen habe. Von den damaligen politischen Mitstreitern traf ich nach 1949 Ziegler als M. d. B. in Bonn und Witt als M. d. L. in Hannover wieder.

Als ich spät abends im Allensteiner »Samowar« mein Abendessen eingenommen habe und mit deutschen wie polnischen Gästen bei einem Wodka zusammensitze, überdenke ich noch einmal den erlebnisreichen Tag im Ermland. Polnischerseits hat man sich viel Mühe gemacht, um die Ermländer in Erinnerung an die gemeinsame Geschichtsperiode anzusprechen. Das Ergebnis blieb mager, denn im Ermland leben heute Menschen, die aus Wilna, Lemberg oder von den Rokitnosümpfen umgesiedelt wurden und auch erst in der Fremde allmählich eine neue Heimat gewinnen müssen. Stoff genug für lange Gespräche, bei denen wir bei der älteren Generation, aber auch bei den Jungen mit dem Deutschen gut hinkommen. Besonders bewegend ist es, wenn man auf Bewohner des Ermlandes stößt, die sich als typische Ermländer, in verwandtschaftlichen Beziehungen zu Polen, fühlen und meinen, auf ihre Weise zur Bewahrung ermländischen Brauchtums und ebenso akzentuierter Lokalgeschichte beitragen zu können. Ich unterhielt mich lange mit einem ergrauten Wissenschaftler, der einst in der katholischen Arbeiterbewegung tätig gewesen war und meine Bücher gut kannte. Natürlich ist es ehrenwert, wenn versucht wird, solche Traditionen lebendig zu erhalten; ob dies aber länger als in der gegenwärtigen Generation der Fall sein wird, erscheint mir zweifelhaft.

74

Bei den Philipponen

Bekannte, die im Kreis Sensburg beheimatet waren und diese Landschaft demnächst gerne aufsuchen möchten, hatten mich gebeten, dort einmal Umschau zu halten. So führte denn der nächste Tagesausflug zunächst nach Bischofsburg (Biskupiec). Die frühere Hauptstadt des Kreises Rößel hat im Krieg stark gelitten. Die Kirche ist restauriert, um den Markt herum stehen kastenförmige Neubauten. Vor Bischofsburg wäre leicht Wartenburg (Barczewo) zu erreichen gewesen, aber dorthin zieht es uns nicht. Im Zuchthaus von Wartenburg sitzt seit fast dreißig Jahren der zum Tode verurteilte »Verderber Ostpreußens«, Erich Koch. Die Autofahrt führt diesmal über weniger gute Straßen, die streckenweise gerade ausgebessert werden. Noch ist die Landschaft hügelig, ab und zu entdeckt man als Novum beachtliche Sonnenblumenfelder. In den Dörfern erblickt man Viehherden und gut gepflegte Pferde.

Nach 25 Kilometern ist Sensburg (Mrągowo) erreicht. Am Westufer des Schoß-Sees gelegen, bietet sich das alte Ordensstädtchen eindrucksvoll dar. Rathaus und ein Heimatmuseum verlocken zur Besichtigung, noch mehr die Ringpromenade am Schwanensee.

Anschließend folgt nochmals eine 25 Kilometer lange Fahrt; die Gegend wird hügeliger, sind es doch die seenreichen Ausläufer des baltischen Höhenzuges. Zwischen den Bodenerhebungen und träumerischen Wäldchen tauchen immer wieder Seen auf. Mal sind es schmale, aber langgestreckte, mal kleine, kreisförmige, aber auch tiefe Flächenseen, wie sie für Masuren typisch sind. An der schmalsten Stelle des Talter Gewässers taucht Nikolaiken (Mikołajki) auf. Der erste Eindruck ist ein altvertrautes Bild, nur passiert man eine neue Brücke. Die aus dem Wasser ragenden Stümpfe der gesprengten alten Brücke erinnern daran, daß auch hier dem Krieg Zoll entrichtet werden mußte. Aber sonst erweist sich Nikolaiken als unzerstört.

Das idyllische Städtchen ist heute ein Touristenzentrum. An den Anlegeplätzen wimmelt es von Ausflugsdampferchen und schmucken Motorbooten.

Zahlreiche Busse stehen auf den Parkplätzen. An der Uferpromenade sind alle Bänke besetzt, auch die Lokale sind überfüllt. Als ich mühsam Platz gefunden habe und ein »Lody« (Eis) verlange, sagt der Wirt: »Briederchen, kein Lody, nur Eiskrem!«

Nikolaiken war früher einer der fischreichsten Plätze; Aale, Barsche, Brassen, Hechte, Plötze und Schleie gab es hier, vor allem aber die berühmten Maränen, Nikolaikens Exportartikel nach Berlin. Heute wird hier wieder gefischt, doch fast alles geht in den Export.

Wir fragen uns zum »Stinthengst« durch, Nikolaikens Wappentier, das alljährlich mit der »Wasserung« festlich geehrt wird. Nikolaikens Patenstadt Remscheid hält heute die Tradition hoch, aber auch die Polen halten an diesem Brauch fest. Unmittelbar vor der neuen Brücke erblickt man im Talter Gewässer den krönchengeschmückten Stinthengst.

Meine Reiseteilnehmer möchten jetzt zurückkehren, aber ich halte noch eine Überraschung für sie bereit: es sind nur noch wenige Kilometer, bis man sich beim Anblick der Kirchen und Häuser im tiefsten Rußland wähnt. Zwischen Mucker- und Beldahnsee liegen nämlich die neun Philipponen-Dörfer. Als erstes erreichen wir Eckertsdorf (Wojnowo). Vor der mit dem Andreaskreuz geschmückten Kirche machen wir Halt. Vor ihr warten schon zwei polnische Studienräte auf Fahrrädern und ein junges französisches Paar im Kleinauto. Die Kirche ist verschlossen. Der Geistliche ist in die Kreisstadt gefahren, und seine Wirtschafterin traut sich nicht, den Schlüssel herauszugeben. Enttäuscht wollen alle aufgeben, aber ich bin nicht dazu bereit. Im Dorf treffe ich auf einen deutschen Bewohner und mit seiner Hilfe erreiche ich den Bürgermeister. Augenscheinlich hat dieser seine Dienstgeschäfte bereits durch einige Wodka befeuert. Beschwingt nimmt er meine Bitte auf; Arm in Arm, jedoch leicht schwankend, erreichen wir wieder die Wohnung des Geistlichen, und mit Amtsmiene fordert der Bürgermeister die Herausgabe des Schlüssels. Bald stehen wir andachtsvoll vor den Ikonen der Kirche und finden uns in eine fremde Welt versetzt.

Diese Philipponen tragen ihren Namen nach einem gleichnamigen Sektengründer, der sich gegen Priesterweihe, Popen, Eid, Kriegsdienst, Gebet für den Zaren und anderes wandte. Seine etwa 500 Personen betragende Anhängerschaft erhielt 1825 die Erlaubnis, sich »auf unkultiviertem Grund und Boden« in den Waldungen der Johannisburger Heide unter Erlaß des Kriegsdienstes für die erste Generation anzusiedeln. Ihre Nachkommen haben in den Dörfern Dietrichswalde, Fedorwalde, Peterhain und Ukta fruchtbare Kolonisationsarbeit geleistet.

Ehe wir uns mit Dank trennen, lade ich alle Besucher noch zu einer kurzen Fahrt an den Duß-See ein. Hier befand sich mitsamt einem beachtlichen Wirtschaftsbetrieb ein Frauenkloster. Es existiert auch heute noch, allerdings leben hier nur noch drei Nonnen. Eine von ihnen ist eine Deutsche und erweist sich als recht gebildet. Ihr verdanken wir eine Führung und versenken uns wieder in die Welt von Heiligenbildern, Messingkreuzen, Öllämpchen und Weihrauchkesseln. Bei dem Sehenswertesten, den kostbaren Ikonen, klaffen allerdings viele Lücken; die meisten hat man in ein Museum gebracht.

Auf der Heimfahrt wird noch einmal in Sensburg Station gemacht. Hier will ich einen Großneffen aufsuchen und treffe ihn auch an. Sein Vater ist gegen Ende des Krieges gefallen, die Mutter ist an den Folgen einer Vergewaltigung gestorben, die beiden Kinder wuchsen in einem Waisenhaus auf. Heute lebt nur noch einer von ihnen und schlägt sich als Schlosser einigermaßen durch. Auch die Ehefrau ist eine Deutsche, die beiden Kinder sind mit Polen verheiratet. Brief- und Paketverkehr mit Verwandten in der Bundesrepublik Deutschland funktioniert. An eine Aussiedlung wird nicht mehr gedacht; 30 Jahre sind vergangen und man hat sich angepaßt. Ich übergebe Geschenke, wir sitzen noch ein Weilchen bei Gesprächen beisammen. Dann geht es nach Allenstein zurück. Schicksale, die zutiefst ergreifen, die man aber hundertfach antreffen kann.

Von Johannisburg nach Lyck –
von Pisz nach Ełk

Als ich das erste Mal die Johannisburger Heide durchstreifte, war ich mit dem Dampfer von Angerburg, der »Pforte Masurens«, über Lötzen, Nikolaiken nach Rudczanny gefahren. Von hier aus sollte es nach Lyck, der »Hauptstadt Masurens«, weitergehen. Es waren meine jugendbewegten Jahre, und ich wollte zu einem Wandervogeltreffen, das in Lyck stattfand. In Rudczanny (Ruciane), herrlich zwischen Guszien- und Nieder-See gelegen, hatte ich mich dem Maler Robert Budzinski angeschlossen, mit ihm zusammen ging es nun durch die Johannisburger Heide. In diesem umfangreichsten zusammenhängenden Waldgebiet Preußens konnte man stundenlang wandern, begegnete höchstens einem Waldarbeiter, vielleicht mal einem Förster. Unsere Gespräche drehten sich um »das einfache Leben«, wozu ja die Heimat des Dichters Ernst Wiechert förmlich einlud.

Hier war wirklich der unberührteste Teil Masurens. Die Mannigfaltigkeit dieses südlichen Ostpreußen wurde nicht nur in den dichten Kiefernwäldern und den vielen Seen offenbar, sondern auch im Heidegebiet mit der blühenden Erika, mit knorrigen Kusselfichten und leuchtenden Gräsern. Hatte Rudczanny mit seinen Sägewerken und dem Holzhandel noch Leben gezeigt, gab es im Nieder-See herrliche Inseln und schöne Badegelegenheiten, jetzt war Stille und Einsamkeit ringsum. Die ehemalige »Wildnis« des Ritterordens war eine einzigartige Landschaft geblieben.

So bietet sich auch heute noch die Johannisburger Heide dar, die wir von Ruciane auf Seitenwegen und manchmal sogar auf Waldpfaden durchqueren. Nur in Groß-Wiartel (Wiartel) ist etwas Touristenverkehr festzustellen. Bald ist Johannisburg (Pisz) erreicht. Das vom Krieg mitgenommene Kreisstädtchen liegt ja unweit vom Austritt des Pisseck-Flüßchens aus dem Rosch-See. Diesen verbindet der 6 Kilometer lange Jeglinner Kanal mit dem Spirding-See, der mit seinen fast 120 Quadratkilometern der größte ostpreußische See ist. Johannisburg hat, seit hier 1345 ein Ordenshaus erbaut wurde und man dem Ort 1645 Stadtrechte verliehen hatte, Jahrhunderte hindurch ein stilles Dasein gepflegt. Im Ersten Weltkrieg wurde es zweimal arg mitgenommen, sein Bismarckdenkmal wurde verschleppt und erst 1928 von den Russen wiedergegeben. Jetzt findet man von Denkmälern nichts mehr.

Ziel der heutigen Fahrt ist Lyck. Als die Russen es 1914/15 zeitweilig besetzt hielten, nannten sie es Luyk, bei den Polen heißt es Ełk, was für uns aber schwer auszusprechen ist, denn es klingt wie Auok. Lyck kannte ich seit den zwanziger Jahren. Damals waren noch nicht alle Spuren des Ersten Weltkriegs beseitigt. Die erst 1923 wiederhergestellte evangelische Kirche ist jetzt erneut renoviert und dient dem katholischen Bekenntnis. Lyck hatte seinerzeit etwa 16 000 Einwohner, heute zählt es 28 000. Freilich bietet sich uns, zumindest in der breiten und langen Hauptstraße, ein fremdartiges Bild dar. Oft bin ich auf Wanderfahrten oder bei Treffen der Jugendbewegung durch die einstige Kaiser-Wilhelm-Straße »gelatscht«, die eine der ältesten, längsten und breitesten Straßen Lycks war. Schon im Ersten Weltkrieg war vieles hier in Schutt und Asche gesunken, der Zweite Weltkrieg hat aus einer Prachtstraße einen beinahe russisch anmutenden Landweg gemacht. Noch sind zahlreiche Häuserlücken vorhanden, neuerrichtete Wohnkästen passen stilistisch nicht zu den anderen Bauten.

Lyck gehört heute nicht zur Wojewodschaft Olsztyn, sondern zu Białystok. Dorthin ist es auch wirtschaftlich orientiert. Östlich der Hauptstraße bis zum Wasserturm im Norden der Stadt ist ein kolossales Neubaugebiet entstanden. Den aus allen Teilen Polens herbeigeströmten Menschen bieten sich Arbeitsmöglichkeiten im Gewerbe, in der Bauindustrie und besonders in einem auf dem Gelände des früheren Flugplatzes errichteten Fleischkombinat. Bei seiner Erstellung haben auch mehrere westdeutsche Firmen mitgeholfen.

Wenn man abseits der Hauptstraße manche Querstraßen passiert, besonders wenn man sich dem Lyck-See nähert, wähnt man, wieder im alten Lyck zu sein. Noch stärker spinnt man sich in solche Vergangenheit ein, wenn man das nahegelegene Sybba aufsucht. Von hier starteten die Brüder Fritz und Richard Skowronnek zu ihrem Schriftstellerruhm, hier stand auch die Wiege des Dichters Siegfried Lenz. »So zärtlich war Suleyken« – das hat man als überpointiertes Abbild dieser Landschaft und ihrer oft kauzigen Menschen mit Genuß gelesen.

Aus einer schwierigen Lebensperiode – als ich 1933 arbeitslos geworden und vorübergehend aufgrund staatlicher Maßnahmen zur augenfälligen Beseitigung der Erwerbslosigkeit in ein Landarbeiterdasein geworfen wurde – stammen meine Erinnerungen an den Kreis Lyck. Wie häufig habe ich nicht nur am Lyck-See, sondern auch am Hertha-See, am Tataren-See, an den beiden Selmont-Seen oder am Iloffer- und Stattenbach-See besinnliche Pausen eingelegt. Orte wie Prostken, Stradaunen oder Borschimmen waren mir ein fester Begriff, und nachdenklich habe ich vom Ehrenmal auf der Bunelka-Höhe weit ins Land geschaut. Im Königsberger Prussia-Museum hat mir später dessen Direktor Gaerte den 1929 gefundenen Fürstenschmuck von Skomentne (Skomanten) gezeigt, edelste Silberschmiedekunst, der wohl einer hochgestellten sudauischen Frau gehört haben mag. Das alles ist wieder in die Geschichtslosigkeit zurückgefallen. Lyck ist Vergangenheit, auch die Denkmäler der Dichter Dewischeit (»Wild flutet der See«) und Thiersch (»Ich bin ein Preuße, kennt ihr meine Farben«) gibt es nicht mehr.

Fremde Namen wie Kętrzyn und Węgorzewo

Die heutige Autofahrt soll noch einmal in die Nähe der Grenze Polens mit Rußland führen. Rasch durchqueren wir daher von Allenstein aus Bischofsburg und Sensburg. Ein kurzer Halt wird in Sorquitten (Sorkwity) und Seehesten (Szestno) eingelegt. Sorquitten, zwischen Gehland-See und Lampatzki-See gelegen und Wohnsitz des Freiherrn von Paleske, hat in beiden letzten Kriegen gelitten. Seehesten interessiert uns wegen seiner wehrhaften Kirche von 1620. Das architektonisch bemerkenswerte Bauwerk ist leider verschlossen, der Schlüsselverwahrer nicht aufzufinden. Während unseres Aufenthalts haben sich zahlreiche Dorfbewohner um das Auto versammelt. Eine deutsche Frau schildert die Situation, ein alter Pole faßt in seine Hosentasche und schenkt mir ein paar holzige Kruschken – eine rührende Geste.

Schließlich wird das 1324 gegründete Rastenburg (Kętrzyn) erreicht und vor der Ordensburg Station gemacht. Hier verbrachte ich als Schuljunge wiederholt die Ferien bei meiner Großmutter. Die St. Georgs-Kirche, diese wuchtige dreischiffige Wehrkirche aus dem 14. Jahrhundert, war mir fester Begriff geblieben. Ich kannte aber auch die Großmühle Gramberg. Als Student hatte ich 1923 nach meinem ersten Semester in den Ferien als Landarbeiter in Ivenhof unweit von Drengfurt gearbeitet. 14 Säcke Roggen waren mein Verdienst. Als ich sie – mitten in der Hochinflation – zu Geld machte, wurde ich stolzer Besitzer von 14 Billionen Mark. Mein 1. Semester kostete mich 2 Pfennige; als ich dann im Frühjahr 1924 das Geld in München brauchte, war es nur noch 5 Rentenmark wert. Rastenburg kannte ich also gut. Dieser Geburtsstadt des Dichters Arno Holz verdanke ich auch die erste Bekanntschaft mit seinen Werken und eine lebenslange Verehrung für sie. Dem in München wirkenden, aus Ostpreußen stammenden Universitätsprofessor Helmut Motekat gebührt Anerkennung dafür, daß er das Bild dieses eigenwilligen Dichters, der zu Lebzeiten oft verkannt wurde – und es seiner Mitwelt mit seinem »ostpreußischen Dickschädel« auch wahrlich nicht leicht gemacht hat –, in seiner fortdauernden Bedeutung für die Theorie der Dichtkunst, ferner auch

mit feinem Einfühlungsvermögen in seine tiefempfundene, oftmals wort-
schöpferische Poesie wieder zurechtgerückt hat. Natürlich gehe ich zum Alten
Markt, wo sich früher an der Apotheke eine Gedenktafel für Arno Holz
befand, der hier die ersten siebzehn Jahre seines Daseins zugebracht hat und
hernach auch in Berlin Ostpreuße geblieben ist. Nichts ist mehr zu finden.
Unkenntlich bleibt, trotz allen Wiederaufbaubemühens, die Stadtmitte von
Rastenburg.

Zwar ist die Ordensburg gut restauriert worden, auch die Georgskirche
ist anständig renoviert, von Grambergs Mühlensilos erkennt man einiges
wieder, man findet sogar den Bahnhof, aber die Stadtmitte ist unkenntlich.
Rastenburg trägt ja auch im Polnischen den völlig fremden Namen Kętrzyn.
Dieser schon beim Allensteiner Forschungszentrum erwähnte Kętrzyn, 1838
in Lötzen als Sohn eines Gendarmen Winkler geboren, hat in Rastenburg das
Gymnasium besucht, ist dann während seines Studiums in Königsberg zum
Katholizismus konvertiert, hat sich als Pole gefühlt, den Namen Kętrzynski
angenommen und ist als Wissenschaftler am Ossolinski-Institut in Lemberg
zeitlebens ein Propagandist für polnisches Masurentum gewesen.

Abschiednehmend stehe ich noch einmal auf dem Hügel, der die Georgs-
kirche trägt. Der Anfang eines Gedichts von Arno Holz fällt mir ein: »Das
alte Nest! Die alten Dächer!« Weiter heißt es dann: »Dreißig Jahre drüber
hin! Der Wald so grün, der Himmel tief blau, noch alles wie damals?« Für
mich gingen fünfzig Jahre hin – nichts ist mehr wie damals! Die fremdartige
Stadt heißt Kętrzyn und nicht Rastenburg.

Es ist ein schöner Nachmittag, an dem wir uns zur Weiterfahrt entschlie-
ßen. Die eigenartige Stimmung läßt mir die Worte eines Chronisten aus
früheren Jahrhunderten ins Gedächtnis kommen: »Das tiefe Ziegelrot der
Mauern und Dächer vergoldete die Abendsonne mit ihren letzten Strahlen,
so daß es den Anschein hatte, als geriete die Stadt in Glut.« Daher stammt
das Wort: »Er glüht wie Rastenburg!«

Ich kann Rastenburg nicht verlassen, ohne des Landgestüts zu gedenken,
das auf der Straße nach Barten lag und eine bedeutende Zuchtstätte des ostpreußischen Pferdes war. Wie könnte ich auch Carlshof vergessen, vom
Grafen zu Eulenburg-Prassen und vom Freiherrn von Schmidtseck-Woplau-
ken ins Leben gerufen und mit seinen etwa fünfzig Gebäuden sowie einer
landwirtschaftlichen Nutzfläche von etwa 2000 Morgen eine vorbildliche
Stätte karitativen Wirkens für fast 1500 zu Betreuende. Zeitweise war hier
auch ein Predigerseminar unter Dr. Johannes Besch.

Drengfurt mit seiner gotischen Kirche, in der ich mich als Musikstudent oft auf der Orgel versucht habe, der Schülzener und der Blausteiner See, überhaupt das fruchtbare Bartener Land – das alles zählte zu den eindrucksvollen Erlebnissen, die man in Ostpreußen haben konnte. Auch heute noch ist manches von diesen Naturschönheiten erhalten geblieben.

Je mehr wir uns Angerburg (Węgorzewo) nähern, um so fiebriger werde ich. Wenn ich einen Teil Ostpreußens gründlich gekannt habe, dann war es der Kreis Angerburg. In Rosengarten und in Sobiechen wirkten beide Großväter Jahrzehnte hindurch als Lehrer, in Doben amtierte in gleicher Eigenschaft ein Onkel. Wiederholt war ich Hausgast bei den Landräten Streicher, Ellinghaus und Rudnitzki gewesen, ich hatte mit Bürgermeister Laudon und Zeitungsverleger Priddat zu tun. Natürlich wußte ich, wer »Carol«, nämlich Graf Lehndorff auf Steinort, wer Herr von Sanden auf Guja, Senatspräsident von Lorck auf Seehof bei Haarszen war. Auf der idyllischen Insel Upalten hatte ich oft geweilt und ebenso auf der herrlich gelegenen Jägerhöhe. Nahezu jeder Ort im Kreis Angerburg war mir vertraut, Dargainen- und Mauersee hatte ich im Boot befahren. Wie würde ich das alles jetzt wiedersehen?

In Rosengarten (Radzieje) wird auf meine Bitte ein längerer Halt eingelegt. Der Ort mit seiner aparten oktogonen Kirche scheint völlig unberührt. Das Wiedersehen mit dem alten Schulhaus bewegt mich, in dem mein Großvater väterlicherseits vor 100 Jahren seinen Präzeptorenberuf aufgenommen hatte. Ich kannte hier die Lalla, Meisterknecht, Przyborowski und Zink. Der tüchtige Landwirt Przyborowski hatte im Ersten Weltkrieg unter der Russenbesetzung ausgehalten, im Zweiten Weltkrieg hat man ihn erschlagen. Keinen deutschen Laut vernimmt man jetzt mehr. Der Friedhof ist verschwunden, an der Kirche vermag ich auf drei Kriegergräbern von 1914 die Namen kaum mehr zu entziffern.

Steinort (Stynort) erscheint im alten Zustand. Hier aber wimmelt es von Militär, so daß wir uns rasch davonmachen. Von einer Brücke haben wir einen grandiosen Ausblick auf den Dargainen- und den Mauersee. Auch Haarszen (Harsz) scheint unzerstört, aber wir finden die Abfahrt zu von Lorcks Seehof nicht. Mißmutig streben wir Angerburg zu. Den Bahnhof erkennt man sofort, die Bahnhofstraße ist mit Bäumen dicht bewachsen. Da ist auch schon die »Teppersche Villa«, in der die Landräte wohnten. Heute residiert hier der polnische Starost. Bald kommt die Stadtkirche zu Gesicht; rings um sie ist alles frei. Gespannt biegen wir zum Neuen Markt ein – den aber finden wir nicht. Wir orientieren uns immer von neuem, aber es bleibt dabei: Angerburgs Stadtmitte existiert nicht mehr. Sie soll erst nach Kriegsende niedergebrannt worden sein. Nun begeben wir uns zum ehemaligen

Ordensschloß, in dem früher das Amtsgericht residierte. Vom Westflügel des Hafens an der kanalisierten Angerapp erblickt man nur eine Fassade voll leerer Fensterhöhlen. So wenig ist also vom alten Angerburg übriggeblieben. Die Polen haben Węgorzewo, also Aalstadt, daraus gemacht, jedoch Aale bekommt man nicht zu kaufen.

Immer wieder bin ich bei meinem zweimaligen Aufenthalt in Angerburg spähend und suchend die frühere Königsberger Straße entlang gegangen. Die Bäume zu beiden Seiten des Weges sind in die Breite gewachsen und verdecken manches Unschöne. Wenn man sich seitwärts in die Büsche schlägt, entdeckt man am Fluß- und Seeufer zahlreiche Campingfreunde, darunter Deutsche aus beiden Teilen des Vaterlandes. Wandert man weiter am Ufer des Schwenzait-Sees entlang, so vermißt man schmerzlich das auf einer Anhöhe hochaufragende Kreuz des Heldenfriedhofs Jägerhöhe. Dort hatten im Ersten Weltkrieg 360 deutsche und 233 russische Soldaten eine würdige Gedenkstätte gefunden. Alles ist hier so anders, nur die Natur versöhnt.

Enttäuscht wenden wir uns ab. An den Kasernen, die witzigerweise stehengeblieben und voll mit Soldaten belegt sind, vorbei geht es über Ogonken (Ogonki), das gut erhalten und sogar als Strandbad ausgestaltet worden ist, heimwärts über Lötzen (Gizycko). Auf die Fahrt ins Angerburgische hatte ich mich besonders gefreut; sehr ernüchtert kehre ich nach Allenstein zurück. Das zauberhafte Bild aus Jugendtagen ist zerronnen.

Bild rechts: Die Wallfahrtskirche Heiligelinde.
Nächste Seite oben: Viele Lücken blieben in Angerburg;
unten links und rechts: Auch in Osterode wartet noch vieles auf Restaurierung.
Übernächste Seite oben: Am Löwentinsee in Lötzen;
unten: In Lötzen herrscht reger Ausflugsverkehr.

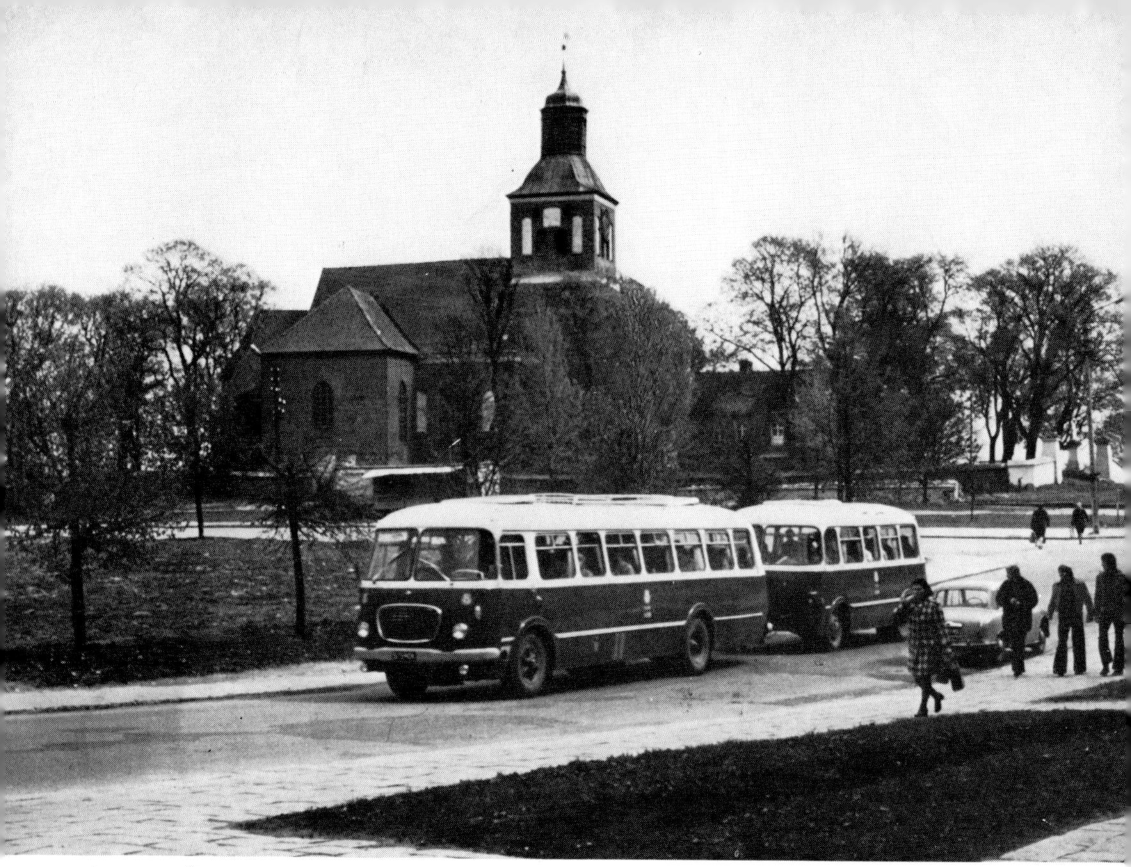

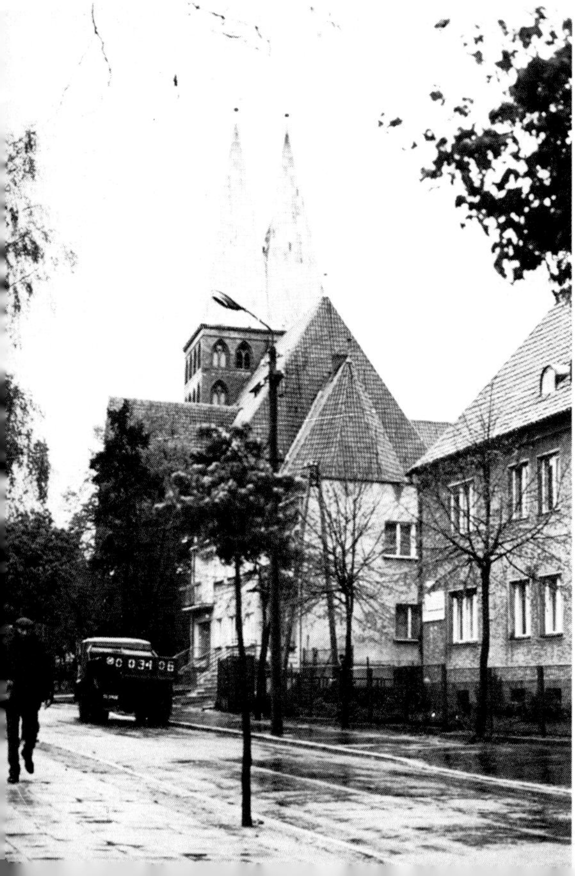

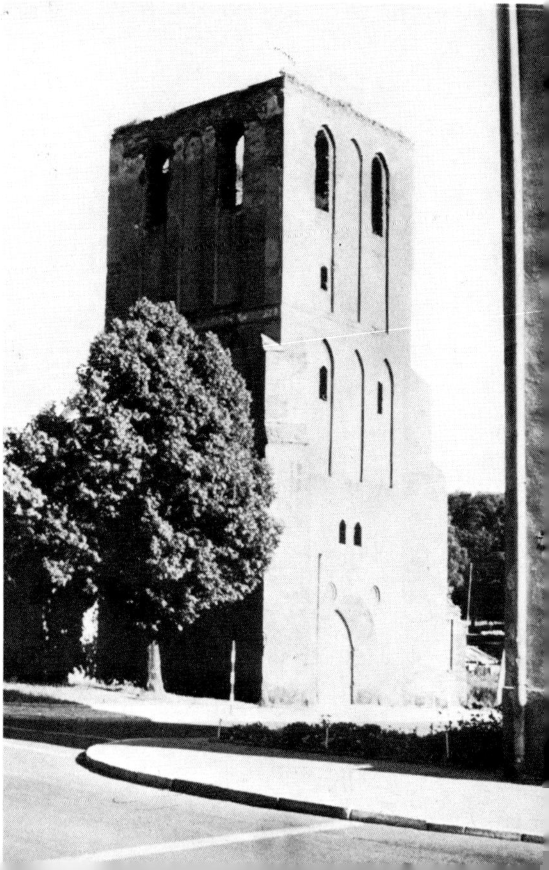

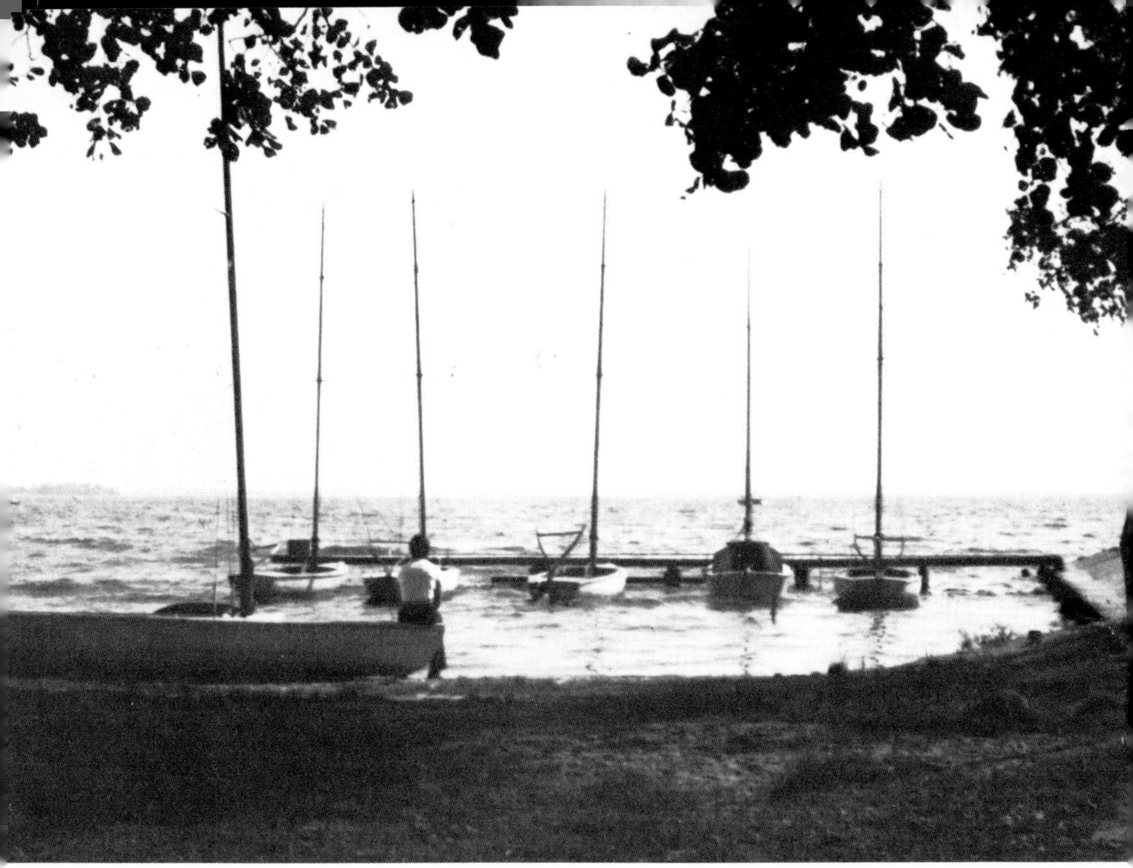

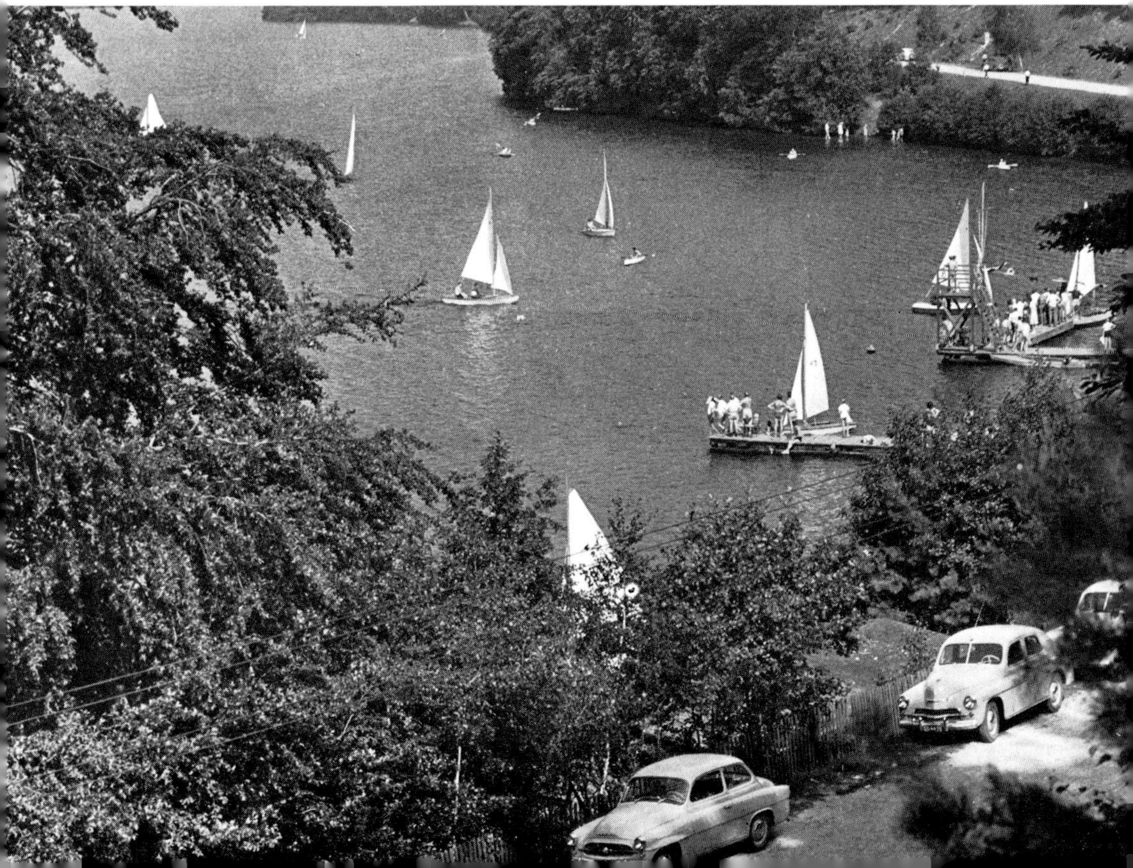

Suche nach dem Vaterhaus bei Lötzen

Jeder unserer Reiseteilnehmer verband mit den Ausflügen seine persönlichen Erinnerungen. So war zum Beispiel ein Bonner Archivdirektor in Lötzen aufs Gymnasium gegangen. Sein Vaterhaus war Lindenhof gewesen, das die Gräfin Dönhoff in ihrem Buch »Namen, die keiner mehr nennt« erwähnt. Hier hatte sich der Pferdezüchter Bludau seinen weithin geachteten Ruf erworben. Die Stätten seiner Kindheit, die er mit 14 Jahren verlassen mußte, wollte der Sohn wiedersehen.

Natürlich wird bei der Anfahrt in Heiligelinde (Święta Lipka) eine Pause eingelegt. Obwohl dieser katholische Wallfahrtsort schon außerhalb des Ermlandes lag und zur Hälfte von Evangelischen bewohnt wurde, hatte er schon früher einen besonderen Ruf. Jetzt ist er ein Zentrum für katholische Gläubige, es wimmelt hier von Besuchern. Am Nordzipfel des langgestreckten Deinowa-Sees erhebt sich die von den Jesuiten zwischen 1687 und 1730 erbaute imposante Wallfahrtskirche. Sie ist erhalten geblieben und in ihrem Inneren beachtenswert. Ich reihe mich in den nicht endenwollenden Strom der Gläubigen ein, die hier ihre Andacht verrichten wollen. Man hört sowohl polnische als auch deutsche Laute. Ganz langsam schiebt sich die Menschenmenge vorwärts. So gelange ich zum Hallenumgang mit dem schönen schmiedeeisernen Gitter, schreite durch das Grüne Tor und stehe schließlich inmitten der im Spätbarockstil erbauten Kirche.

Lötzen, das sich gerne »das Herz Masurens« nannte, am Nordufer des Löwentin-Sees und unweit des Mauersees gelegen, hat erst 1612 Stadtrechte erhalten. Seit 1340 hatte sich um eine »Lötzenburg« eine Siedlung gebildet, die infolge der günstigen Verkehrslage zunehmend an Bedeutung gewann. Uns war Lötzen mit seiner Feste Boyen aus patriotisch-romantischer Verklärung im Gedächtnis geblieben, seitdem die Russen es im Ersten Weltkrieg vergeblich belagert hatten.

Erst viel später ist mir bewußt geworden, welche architektonische Kostbarkeit seine Evangelische Kirche ist, die 1822 nach Plänen Schinkels erbaut worden war. Wenn man durch die frühere Lycker Straße dem baumumstandenen Markt zustrebt, bildet sie auch heute dort den Mittelpunkt. Sie dient den nur noch spärlich vorhandenen evangelischen Gläubigen. Bei unserem Besuch ist sie verschlossen, weder Pfarrer, noch Schlüssel ist aufzutreiben, so daß wir das Innere der Basilika nicht besichtigen können.

Der Spaziergang zur Seepromenade am Löwentin-See ist auch heute reizvoll. Ausflugsdampfer und Boote beleben den Kanal, am Strand lagern ungezählte polnische Touristen. Lötzen ist nach wie vor ein Touristenzentrum geblieben. Die Landenge zwischen Löwentin- und Mauersee mitsamt der Feste Boyen ist viel besucht. Das eigentliche Stadtzentrum hingegen war arg zerstört. Hier erheben sich kastenförmige Neubauten. Das Gymnasium ist erhalten geblieben und prangt im Fahnenschmuck anläßlich des 30. Jahrestages der Volksrepublik Polen. Schnell wird davon noch ein Erinnerungsfoto von dem ehemaligen Lötzener Gymnasiasten gemacht, dann geht es auf die Suche nach seinem Vaterhaus.

Nach etwa 10 Kilometern finden wir Lindenhof. Naturgemäß ist Dr. Bludau besonders bewegt. Immer wieder halten wir an, er zeigt uns die Nachbargrundstücke, dann kommen die Wiesen, die Getreidefelder und die Pferdekoppeln in Sicht. Alles erscheint wie früher. Langsam nähern wir uns den Wohnhäusern der landwirtschaftlichen Mitarbeiter. Gleich muß hinter einem baumbestandenen Park das Gutshaus zu erblicken sein. Dr. Bludau steigt aus und geht allein voran. Plötzlich hält er die Hände vor das Gesicht: das Vaterhaus ist nicht mehr da. Nach einer ganzen Weile erscheint ein deutscher Arbeiter und berichtet, was heute hier geschieht. Anstelle der Pferdezucht wird jetzt Bullenzucht für den Export betrieben. So nimmt alles allmählich eine fremde Gestalt an!

Rund um die Masurischen Seen

Eine Reise in die ostpreußische Heimat ohne Begegnung mit ihren Hunderten und aber Hunderten von Seen ist eigentlich kaum vorstellbar. So erging es auch mir mit der von Jugend auf bekannten Landschaft. Wohin ich auch in Masuren kam, überall stieß ich auf die großen und erst recht auf die unzähligen kleineren und kleinsten Seen.

Eingebettet in die Erhebungen, Hügel und Täler des baltischen Höhenrückens liegen diese Seen majestätisch oder lieblich da. Die bedeutendsten von ihnen, Mauer-, Löwentin- und Spirdingsee bis hin zum hufeisenförmigen Niedersee, sind in tiefe Senken eingelagert und überragen dennoch den Ostseespiegel zum Teil um mehr als 100 Meter. Der Reiz liegt in dem Wechsel von waldreichen Anhöhen und vielgestaltigen Gewässern. Der Blick kann sich an bis zum Horizont reichenden Wasserflächen nicht sattsehen, aber er findet auch Ruhepunkte an vielen Inseln oder lieblichen Buchten. Dann wiederum verengen sich die Seen zu schmalen Wasserstraßen und künstlichen Kanälen, man erblickt Gehöfte und Vieh auf satten Weideflächen. Auch fehlen nicht dunkelschimmernde Forsten, die zu den umfangreichsten im alten Preußenlande zählten.

Diese Seen habe ich erlebt, sowohl in aufkeimenden zarten Frühlingstagen, als in glutender Sommerzeit, aber auch bei stürmischem Wetter; dann konnten sie mit ihren kurz aufschäumenden Wellen recht gefährlich werden. Dabei kam mir immer das »Masurenlied« des Lötzeners Dewischeit, das der Angerburger Musiklehrer Fehr komponiert und Konstanz Bernecker sogar für Orchester gesetzt hat, in den Sinn. Noch heute kann ich die sich kühn aufschwingende Melodie mit ihren schwierigen Rhythmen im 6/8-Takt summen:

Wild flutet der See.
Drauf schaukelt der Fischer den schwebenden Kahn;
Schaum wälzt er wie Schnee
von grausiger Mitte zum Ufer hinan.

Wild fluten die Wellen auf Vaterlands Seen – wie schön!
O tragt mich auf Spiegeln zu Hügeln, Masovias Seen!
O Heimatland, Masovias Strand,
Masovia lebe, mein Vaterland!

Oft genug habe ich von Angerburg aus Ruderboot- oder Motorbootfahrten durch den Mauersee und anschließend zum Dargainensee unternommen. Mit seinen 110 Quadratkilometern zählte der Mauersee zu den größten Wasserflächen. An seinem westlichen Ufer stattete ich jedesmal der 77 Hektar umfassenden Insel Upalten mit ihrem herrlichen Ulmendom einen Besuch ab. Sie war ein Vogelparadies besonderer Art. Selbstverständlich wurde auf der Weiterfahrt ein kurzer Halt in Steinort beim Grafen Lehndorff oder in Seehof bei Carl von Lorck eingelegt. Vom Dargainensee ging es weiter in den Dobensee. Rosengarten wurde nicht ausgelassen, auch nicht ein Abstecher zum Lehreronkel in Doben bei Schenk von Tautenburg vergessen.

Wiederholt bin ich mit dem Dampferchen von Lötzen aus nach Angerburg zurückgefahren, vorbei an der Pierkunower Bucht und der Königsspitze zum Dargainensee. Auch hierbei wurde in Posessern, Kruglanken und Ogonken Pause eingelegt.

Heute kann man erst von Lötzen aus regelmäßig zu einer Schiffahrt auf den masurischen Seen starten. Ein Ausflugsboot, das einst bessere Tage gesehen hat, aber dennoch mit Ausflüglern voll besetzt ist, bringt uns über den stattlichen Löwentinsee, anschließend durch den Jagodnersee und schließlich entlang dem Talter Gewässer nach Nikolaiken. Viel Kurzweil gibt es an Bord; der polnische Kapitän ist ein lustiger Kerl, seine deutschsprachigen Matrosen sind es auch. Nachdem man dem an der neuen Straßenbrücke Nikolaikens verankerten »Stinthengst« mit einem Wodka zugeprostet hat, wird ein Halt eingelegt. Deutsche Besucher aus dem Westen trennen sich hier von uns; sie wollen in Schimonken und Schmidtsdorf Verwandte aufsuchen, die zum Teil Polen geheiratet haben und auf ihren alten Bauernhöfen verblieben sind. Einer von ihnen hat als Gastgeschenk mehrere Angelruten bei sich, denn gerade die Seen im Sensburger Kreisgebiet sind überaus fischreich.

Am nächsten Morgen fahre ich von Nikolaiken aus über den stattlichen Spirdingsee nach Johannisburg und von dort aus nach kurzem Besuch zum Niedersee weiter. Als ich zum ersten Mal dort weilte, hieß der Ort Rudczanny, dann wurde er in Niedersee umgetauft, bei den Polen heißt er heute Ruciane-Nida. Von hier aus hatte ich schon wiederholt Bootsfahrten und Wanderungen durch den urtümlichsten Teil Masurens unternommen.

Bild rechts: Die wehrhafte Ordensburg lockt viele Besucher nach Neidenburg.
Nächste Seite: Der Dzierzynskiego-Platz in Thorn.
Übernächste Seite oben: Im belebten Stadtzentrum von Thorn;
unten: Posen, Blick vom Opernaufgang auf die Paulikirche.

Allein oder mit Gruppen der Jugendbewegung bin ich durch die dichten Waldungen gezogen und habe gelegentlich dem Maler Robert Budzinski oder dem »Masurenmaler« Freymuth bei ihren zeichnerischen Studien zugesehen. Es waren Zeiten, von denen man damals kaum Aufhebens gemacht hat. Heute sind dies kostbare Erinnerungen an unwiederbringlich verlorengegangene Jahre. Damit ist nicht nur das Sichtbar-Erlebte, sondern auch das Unbewußt-Aufgenommene, ja selbst das Dunkle und fast Mystische gemeint.

Während ich an einem kleinen See in der Johannisburger Heide mit ein paar mühevoll radebrechenden Holzfällern an einem Feuerchen sitze, gerate ich ins Träumen. Da fällt mir aus Schülerjahren der pädagogische Mißgriff eines Vertretungslehrers ein, der uns damals Elfjährigen zumutete, über zwei Sätze nachzudenken. Beim ersten lachten wir lauthals los, denn er enthielt die Binsenwahrheit »Der Wald ist grün«. Zum Vergleichen folgte dann das Claudius-Zitat »Der Wald steht schwarz und schweiget«. Damals ging das über unsere Köpfe hinweg. Erst sehr viel später ist dieses »Der Wald steht schwarz und schweiget« bei einigen von uns wieder aufgetaucht und hat seinen vollen Zauber bis heute entfaltet. Im polnisch gewordenen Masuren kommt es mir wieder in den Sinn. Gilt es nicht für Deutsche und Polen gleichermaßen?

Mit solchen Augen muß man die masurischen Seen schauen. Auch heute noch sagen sie einem dann, was jenseits aller Veränderungen in politicis, jenseits pragmatischer, oftmals unerfreulicher Tagesgeschehnisse liegt, was aber als Glück und Gnade dieses rätselhafte Dasein mit Innerlichkeit erfüllt.

Über das Masuren von gestern, aber auch das von heute sollte man mehr wissen. Man kann es an Ort und Stelle kennenlernen, man kann es aber auch in liebevoller Erinnerung behalten, wenn man in den Büchern der vielen Dichter und Schriftsteller blättert, die jene eigenartige Welt geschildert haben. Die Romane und Schmugglergeschichten der Brüder Fritz und Richard Skowronnek enthalten so manche schöne Passagen über diese Landschaft und ihre charakteristischen Menschen. Kaum noch bekannt, aber geradezu zauberhaft ist Carl Bulckes »Die Reise nach Italien«, die in Wirklichkeit eine Fahrt ins unberührteste Masuren ist. Ernst Wiechert darf in dieser Reihe selbstverständlich nicht fehlen, auch Arno Holz nicht. Von den vielen Namen, die ich aufführen müßte, seien zum Schluß nur noch Walter von Sanden mit »Guja« und Siegfried Lenz mit »So zärtlich war Suleyken« genannt. Sie alle haben uns in der dichterischen Verklärung Masurens geschenkt, was unvergeßbar bleiben sollte und was sich aufs neue erschließt, wenn man auf Fuß- oder Wasserwegen diesen eigenartigen Teil Ostpreußens wieder betritt.

Einst Tannenberg – heute Grunwald

Die nächste Fahrt bringt uns ins südliche Ostpreußen bis an die frühere polnische Grenze. Es ist ein wunderschöner Augusttag. So genießen wir es doppelt, durch dichte Wälder und an lieblichen Seen der Umgebung Allensteins Osterode (Ostróda) entgegenzufahren. Die am Ostzipfel des gabelförmigen Drewenz-Sees gelegene Kreisstadt war und ist Ausgangsort für Wasserfahrten in das Oberland. So sieht man denn auch heute am Uferkai Ausflugsdampfer und Motorboote. Zwar hatte auch Osterode gegen Kriegsende gelitten, aber die Schäden sind teilweise behoben. Die schöngelegene Kreisstadt bietet sich wieder als Standquartier auch für deutsche Urlauber an; es gibt zahlreiche Campingplätze und ein Hotel.

Von hier aus ist es nicht weit nach Tannenberg, das in der Geschichte mit den Jahreszahlen 1410 und 1914 Bedeutung erlangt hat. Die verlorene Schlacht des Deutschen Ritterordens, in der auch Hochmeister Ulrich von Jungingen fiel, besiegelte den Niedergang des Ordensstaates und den Aufstieg der mit Litauen, aber auch deutschen Söldnern aus dem Städtebund verbündeten Polen unter König Jagiello. 1914 war dann die gleiche Landschaft Schauplatz für den Schlußpunkt einer genialen Umfassungsschlacht gegen die Russen, deren Feldherr Samsonow sich das Leben nahm.

Im Jahre 1928 wurde hier ein kolossales »Tannenberg-Nationaldenkmal« eingeweiht, ein achttürmiger Bau in Gestalt einer Trutzburg. Wuchtige Mauern umgaben einen Ehrenhof. In 40 kapellenartigen Nischen an der Außenmauer waren Gedenktafeln für die an der Schlacht beteiligten Truppenteile angebracht. In diesem Tannenberg-Denkmal hatte auch der Feldherr Hindenburg seine letzte Ruhestätte gefunden. Als im Januar 1945 die russische Springflut die Weihestätte erreichte, wurde das Denkmal von deutschen Truppen gesprengt, der Sarg Hindenburgs nach Marburg an der Lahn übergeführt.

Nur wenig von Tannenberg entfernt liegt das Dörfchen Grünfelde – polnisch Grunwald genannt – das schon immer von den Polen als Ort ihres Sieges

angesehen wurde. Sie haben dort eine beachtliche Gedenkstätte mit hoch-
aufragendem Ehrenmal und einer Halle errichtet. Den sehr geschichtsbewuß-
ten Polen wurde sie zu einem Wallfahrtsort für Touristengruppen und Schulklassen. Auch wir betreten die würdige Halle. Plötzlich entdecken wir an der
Stirnseite die Inschrift »1410–1945«, darunter liegt in einer Glasvitrine der
Mantel eines Ordenshochmeisters neben der Hakenkreuzfahne. Bei passenden
Gelegenheiten haben wir den Polen gesagt, daß dies eine unzulässige Ge-
schichtsklitterung sei. So war der historische Verlauf nämlich nicht! Auch
wird bei einem Panorama der Kämpfe von 1410 verallgemeinernd von polnischen Hilfsvölkern gesprochen, obgleich es sich zum Teil um deutsche
Söldner des Städtebundes gehandelt hat, auch der Kulmer Heerbann war zu
den Polen übergegangen. Nationalitätenprobleme im Sinne des 19. Jahrhunderts gab es damals eben noch nicht. Einen Augenblick gedenke ich da
meines verstorbenen Freundes Professor Eckert aus Braunschweig, der sich
mit seinem »Internationalen Schulbuchinstitut« redlich darum bemüht hat,
die beiderseitigen gröbsten Geschichtsverzerrungen auszubügeln.

Nach wenigen Kilometern wird Hohenstein (Olsztynek) erreicht. Das
kleine Städtchen, 1914 nahezu vollständig zerstört, 1945 auch berührt, mutet
mit Markt, Rathaus und Kirche altvertraut an.

Wieder ist es nur eine kurze Fahrt, und Neidenburg (Nidzica) kommt in
Sicht. In diesem Kreisstädtchen habe ich vor 40 Jahren wiederholt geweilt.
Rathaus und Ordensburg erkenne ich sofort wieder. Wenn mir aber das
schöne, restaurierte Rathaus nicht sofort ins Gedächtnis gekommen wäre,
hätte ich abgestritten, in Neidenburg zu sein. Rings um Rathaus und geräu-
migen Marktplatz stehen nämlich lauter frisch getünchte neue Wohnblöcke.

Selbstverständlich wird zur bereits 1381 erwähnten Ordensburg hinauf-
gestiegen, dem wuchtigen viereckigen Bau. Sie ist in erheblichem Maße renoviert worden. Für ein paar besinnliche Augenblicke nehme ich auf einer Bank
im Innenhof der Burg Platz und erinnere mich, daß dieses Neidenburg der
Geburtsort von Ferdinand Gregorovius, dem Geschichtsschreiber Roms, aber
auch des Begründers der Musikerfamilie Kollo gewesen ist. Beide Familien
haben übrigens in der vorhergehenden Generation noch Namen in typisch
masurischer Form getragen. Von Orzegozewski hießen die Vorfahren von
Gregorovius; die talentierte Musikerfamilie Kollo, deren Begabungen sich
vom Vater bis auf den Enkel vererbt haben, trug den Namen Kollodzieyski.
Das hat sie nicht gehindert, gute preußisch empfindende Masuren zu sein.

Eine kurze Fahrt bringt uns an die ehemalige Grenze in das schon früher
polnische Städtchen Mława. Hier liegt ein würdiger Gefallenenfriedhof.

Ins Westpreußische

Unerbittlich naht die Stunde des Abschieds von der geliebten ostpreußischen Heimat. Noch einmal danken wir allen, die uns bei so vielgestaltigen Einblicken mit Rat und Tat verständnisvoll geholfen haben. Manche Beziehungen wurden eröffnet, die in Besuchen, im Briefverkehr sowie im Bücheraustausch bis heute vorgehalten haben und Hoffnungen auf allmähliche Verständigung und Versöhnung erwecken.

Die Rückfahrt führt über Deutsch-Eylau (Iława). Von dem auf einer Halbinsel am Südzipfel des 38 Kilometer langen Geserich-Sees gelegenen Städtchen erkennt man kaum etwas wieder. Die Altstadt war völlig zerstört und hat einem modernen Stadtteil Platz gemacht. Aus dem Kirchenbau der Ordenszeit ist ein katholisches Gotteshaus geworden.

Ganz anders bietet sich Graudenz (Grudziądz) an. Sehr schön ist in seinem alten Stadtkern mit Mauerresten und Speichern der Ausblick auf die breit dahinfließende Weichsel. Hier erregen unsere Autos bereits mehr Aufmerksamkeit. Immer wieder werden wir angesprochen, auch von zahlreichen Deutschen, und nach den Verhältnissen in der Bundesrepublik befragt.

Ziel des Tages ist Thorn (Toruń). Wir werden in dem neuen, überaus beachtlichen Universitäts-Campus vom Rektor und Sejm-Abgeordneten Professor Lukaczewicz erwartet. Man kannte sich schon von einer Begegnung in der Bundesrepublik und hat überdies gemeinsame wissenschaftliche Interessen, die sich um ein bestimmtes Kapitel aus der Geschichte Ost- und Westpreußens drehen. Der imponierende Mann steht mit anerkannter Autorität einer Universität von 8200 Studenten vor. 52 Professoren, 94 Dozenten und über 700 wissenschaftliche Mitarbeiter kümmern sich um die Studiengänge. Eine ganz neue Universitätsbibliothek zählt 1,2 Millionen Bände. Hier wird eisern gelernt – »Freiheiten wie in der Bundesrepublik«, sagt uns ein Professor, »können wir uns nicht leisten.«

Die letzten Stunden des Tages gehören der Besichtigung dieser 134000 Einwohner zählenden Stadt und besonders ihrer Altstadt. Rathaus, Kirchen,

Coppernicus-Geburtshaus, sein Denkmal, aber auch andere Gedenkstätten, erst recht die schöne Partie am Weichselufer mit Stadtmauer, alten Speichern und beachtlichen Bürgerhäusern finden unser Interesse. Altes und neues Thorn passen harmonisch zueinander. Dies ist eine imponierende Stadt voll Geist und Leben! Ehe es in das hervorragende Hotel zurückgeht, kaufen wir noch in einem Bäckerladen »Thorner Kathrinchen« – eine fast rührende Erinnerung an frühere Weihnachtstage!

Die Heimfahrt führt über Posen (Poznań), mit seiner halben Million Einwohner eine überaus bedeutende Stadt, in der wir noch dem Westinstitut (Instytut Zachodni) einen Besuch abstatten, und über Frankfurt an der Oder in die Bundesrepublik Deutschland zurück.

Nachdenkliches am Schluß der Reisen

Auf meinen beiden Reisen in die einstige Heimat hatte ich hinreichend Gelegenheit, Veränderungen und Entwicklungen kennenzulernen, die sich seit 1945, noch stärker seit 1970, vollzogen haben. Will man sich vor Enttäuschungen bewahren, sollte man vor Reiseantritt einkalkulieren, daß der Zweite Weltkrieg, und das nicht nur in unmittelbarer Nähe von Kampfstätten, bis heute erschütternde Spuren hinterlassen hat, die zum Teil nicht völlig beseitigt werden konnten. Die Katastrophe von 1945 bedeutet eine historische Zäsur, die in altgewohnten nationalstaatlichen Vorstellungen nicht mehr aufhebbar ist. Seit dreißig Jahren ist die Zeit ja nicht stehengeblieben. Die jetzigen Bewohner der früheren deutschen Ostgebiete haben sich dort eingerichtet, betrachten sie als ihre Heimat und prägen dieser andersartige Akzente auf. Trotz allem bleibt überraschend, wie viel an deutschen Traditionen im Stadtbild, in einzelnen Architekturen sowie in Kirchen, Archiven oder Bibliotheken übriggeblieben ist und gepflegt wird. Gewiß werden dabei mitunter zusätzlich andere Nuancen gesetzt, die frühere Substanz blieb dennoch erhalten.

Zwischen Besuchen in den Jahren vor 1970, bevor der Wechsel von Wladyslaw Gomulka zu Edward Gierek eintrat, und den Eindrücken der allerjüngsten Jahre besteht ein erheblicher Unterschied. Manche Baulichkeiten sind neu erstanden, andere gut renoviert worden. Auch im zwischenmenschlichen Bereich hat sich vieles freundlicher gestaltet. Zwar haben sich zu optimistische Hoffnungen nach Inkrafttreten des »Vertrages zwischen der Bundesrepublik Deutschland und der Volksrepublik Polen über die Grundlagen der Normalisierung ihrer gegenseitigen Beziehungen« nicht im erwünschten Ausmaß erfüllt, im Gegenteil, die offizielle Stimmung ist zur Zeit frostiger geworden. Dennoch konnte ich bei meinen Reisen kaum Ressentiments oder gar Haß, im Gegenteil eine Zunahme an Interessiertheit bis zu fairen persönlichen Beziehungen feststellen.

Die wachsende Zahl beiderseitiger Besuchsreisen, die Vertiefung wissenschaftlicher und kultureller Kontakte, die Auswirkungen der Begegnungen von zehntausenden Touristen haben manches so aufgelockert, daß echte Gespräche und Hilfeleistungen bei Nachforschungen durchaus an der Tagesordnung sind.

Natürlich belasten die umstrittenen Probleme der immer noch nicht gelösten Familienzusammenführung und Aussiedlungswünsche von Deutschen, auf polnischer Seite die bisher nicht erfüllten Hoffnungen auf Entschädigung für die Opfer nationalsozialistischer Gewaltmaßnahmen ebenso wie der Wunsch nach erheblichen Krediten alle Bemühungen auf Ausgleich, ja Versöhnung.

Nach den in Helsinki zwischen Bundeskanzler Schmidt und Parteichef Gierek getroffenen Vereinbarungen materieller und humanitärer Natur steht aber zu hoffen, daß die deutsch-polnischen Beziehungen, einschließlich der Umsiedlung von etwa 125 000 Deutschen, nunmehr einen neuen Auftrieb erfahren werden. Beiderseits wächst eine junge Generation heran, die, polnischerseits wohl weitaus stärker im Geschichtsbewußtsein wurzelnd, um die politischen Belastungen weiß, aber sichtlich bemüht ist, einer Zukunft zu dienen, welche das friedliche Zusammenleben beider Völker ermöglicht.

Wenn man also bei Reisen in die heute zu Polen gehörenden früheren deutschen Gebiete bewußt in Rechnung stellt, was belastend war und nicht verschwiegen werden kann, bieten sich dennoch vielfältige Gelegenheiten, eine Landschaft aufzusuchen, die jahrhundertelang durch deutsche Kulturleistungen geprägt worden ist und nun andersartige Gestaltung erfährt.

Oft trifft man bei Gesprächen auf Familien, bei denen Mann und Frau aus beiden Nationalitäten stammen, ihre Kinder nur noch polnisch sprechen. Bei Personen, die aussiedeln wollen, bestehen oft naive Vorstellungen vom Wunderland Bundesrepublik Deutschland. Welche Aussichten kann man wohl älteren landwirtschaftlichen Arbeitern bei uns machen? Oft genug haben wir den Polen mehr Einräumung von Verwandten- und Besuchsreisen in die Bundesrepublik vorgeschlagen, damit bessere Kenntnisse und Abschätzungen geschaffen werden können.

Eine Reise nach Pommern, Danzig, West- oder Ostpreußen, die in begreiflicher Sehnsucht, auch voller Erregung angetreten wird, kann nur dann voll befriedigen, wenn sie nicht eine Fahrt in eine Vergangenheit wird, die nach dem furchtbaren Geschehen von 1939 bis 1945 unwiederbringlich versunken ist. Man muß heimatliche Erinnerungen in eine Gegenwart transponieren, die gewiß auch Rührendes von gestern vermitteln, heute aber nur noch in gesamteuropäischem Verstehen gestaltet werden kann.

Wie reist man denn?

Hierzu habe ich einen erfahrenen Polenreisenden, Ministerialrat Dr. Granicky, um die nachstehenden Ausführungen gebeten.

Seit Abschluß des Warschauer Vertrages hat die Volksrepublik Polen in zunehmendem Maße ihre Grenzen auch für Reisende aus der Bundesrepublik Deutschland geöffnet. Nachdem es jetzt praktisch keine Beschränkungen mehr gibt, haben in den letzten Jahren Hunderttausende von der Möglichkeit einer Reise nach Polen Gebrauch gemacht und dabei ein Land kennengelernt, das den meisten lange Jahre verschlossen war und das in vielem so völlig anders ist, als es gängigen Vorstellungen entspricht. Noch ist Polen kein Touristenland im üblichen Sinne – und wird es oder will es in absehbarer Zeit auch nicht werden –, noch gilt es, manche Unzulänglichkeiten in Kauf zu nehmen, wenn man sich zu einer solchen Reise entschließt, und noch immer ist die Begegnung von Deutschen und Polen eine Begegnung besonderer Art. Die Vergangenheit, die zwischen Deutschen und Polen steht, ist auch heute noch nicht vergessen, aber der notwendige Takt auf der einen, die polnische Höflichkeit und Gastfreundschaft auf der anderen Seite machen es fast immer möglich, Schranken zu überwinden.

Reiseroute, Unterkunft

Wie reist man in Polen, wie reist man nach Polen, was sollte man bei Reisen in dieses auch heute noch so wenig bekannte Land berücksichtigen? Entgegen manchen noch immer vorhandenen Vorstellungen sind Touristen in ihrer Bewegungsfreiheit in keiner Weise eingeschränkt; man kann fahren, wohin man will, ist an keine festgelegte Reiseroute gebunden. In der Praxis aber richten sich Reiseroute und Aufenthaltsort nach den jeweiligen Unterbringungsmöglichkeiten, denn die Zahl der Hotels in Polen ist noch außerordentlich gering und entspricht in keiner Weise dem ständig steigenden Bedarf. Es muß deshalb eindringlich davor gewarnt werden, eine Reise nach Polen anzutreten, bevor nicht die Unterbringung in einem Hotel oder auch bei Verwandten und Bekannten gesichert ist. Die Hotels werden entweder von dem staatlichen Reisebüro »Orbis« oder von den Gemeinden betrieben und sind in die Kategorien Luxus, I, II und III eingestuft. Die Orbis-Hotels sind insbesondere für die Unterbringung ausländischer Reisender eingerichtet und haben, vor allem soweit sie in den letzten Jahren erbaut worden sind, einen guten Standard und Service. Die Preise werden auf Dollar-Basis berechnet und liegen etwa zwischen 15 und 22 US-Dollar.

Währung, Devisen

Die polnische Währung ist der Złoty, der von Reisenden aus dem westlichen Ausland weder eingeführt noch ausgeführt werden darf. Devisen, also auch DM, können in unbeschränkter Menge eingeführt werden. Es bedarf lediglich einer Einfuhrerklärung an der Grenze, bei der Wiederausfuhr aber nicht eines Nachweises des Verbrauchs. Das Wechseln von Devisen in polnische Währung ist außer bei der Polnischen Nationalbank in allen Orbis-Hotels möglich. Der Kurs richtet sich nach der jeweiligen Dollarparität und ist deshalb wechselnd. Er betrug 1975 knapp 14 Złoty für 1 DM. Für Devisen können in bestimmten Geschäften, den Pekao-Geschäften, auch in den Orbis-Hotels, ausländische und inländische Waren wie Alkoholika, Zigaretten, Textilien usw. preisgünstig erworben werden, deren zollfreie Ausfuhr gegen Vorlage der Rechnungen zulässig ist.

Mindest-Devisenumtausch

Mit der Tatsache, daß der Złoty nicht zu den konvertierbaren (frei umtauschbaren) Währungen zählt, hängt zusammen, daß für jeden Aufenthaltstag in Polen von Reisenden aus dem westlichen Ausland ein Mindestumtausch von Devisen gefordert wird, der für Bürger der Bundesrepublik DM 25,–, für Jugendliche bis zum 26. Lebensjahr DM 12,50 beträgt. Kinder bis zum 16. Lebensjahr sind von dieser Umtauschpflicht befreit. Der Pflichtumtausch muß entweder in den Wechselstellen an der Grenze oder durch Kauf von entsprechenden Złoty-Gutscheinen über Reisebüros in der Bundesrepublik erfolgen. Er ist nicht erforderlich bei Gruppenreisen oder Hotelreservierungen, die bereits in der Bundesrepublik bezahlt werden.

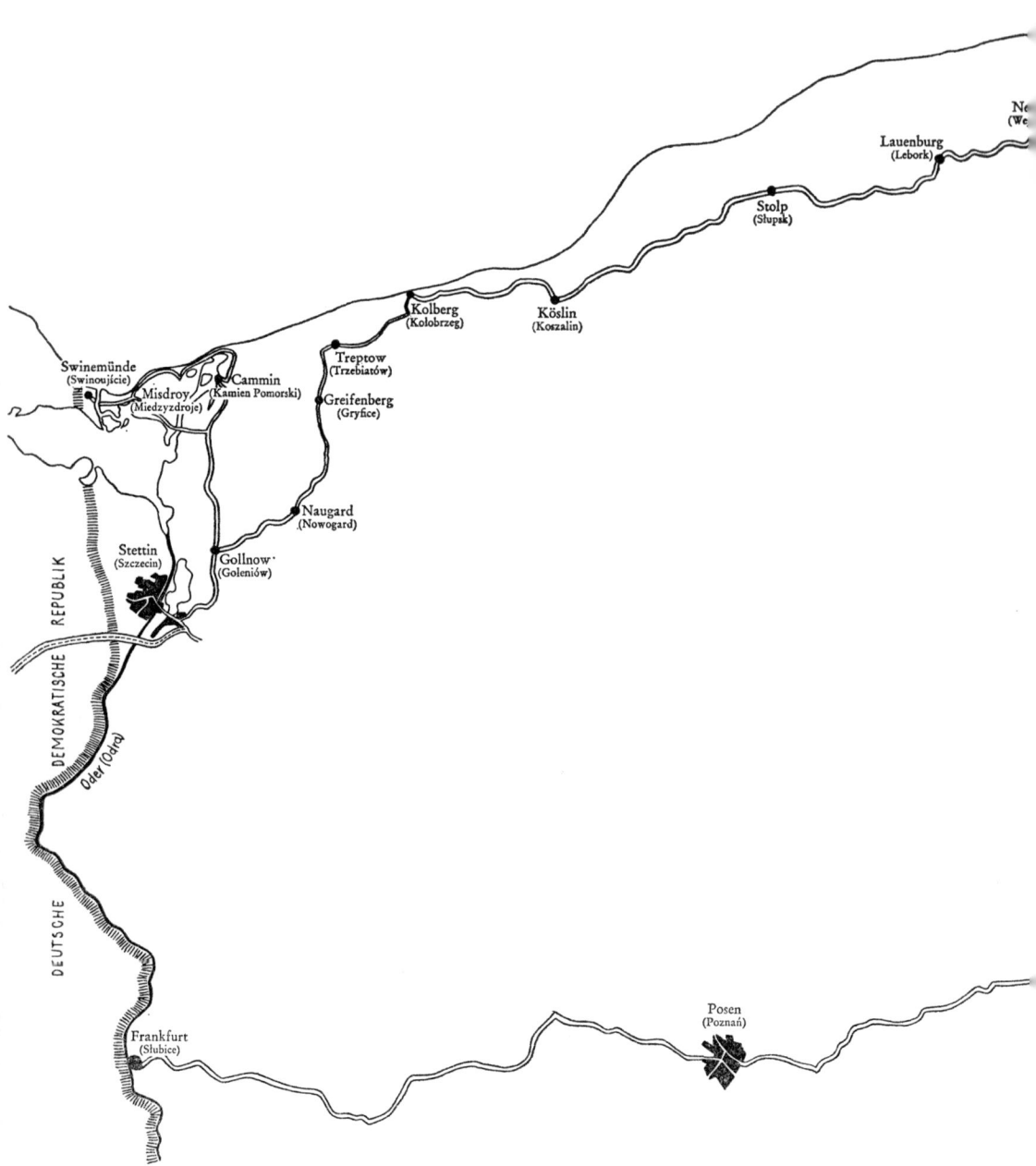

Übersichtskarte der Reiseroute durch Ostpreußen, Westpreußen und Danzig.

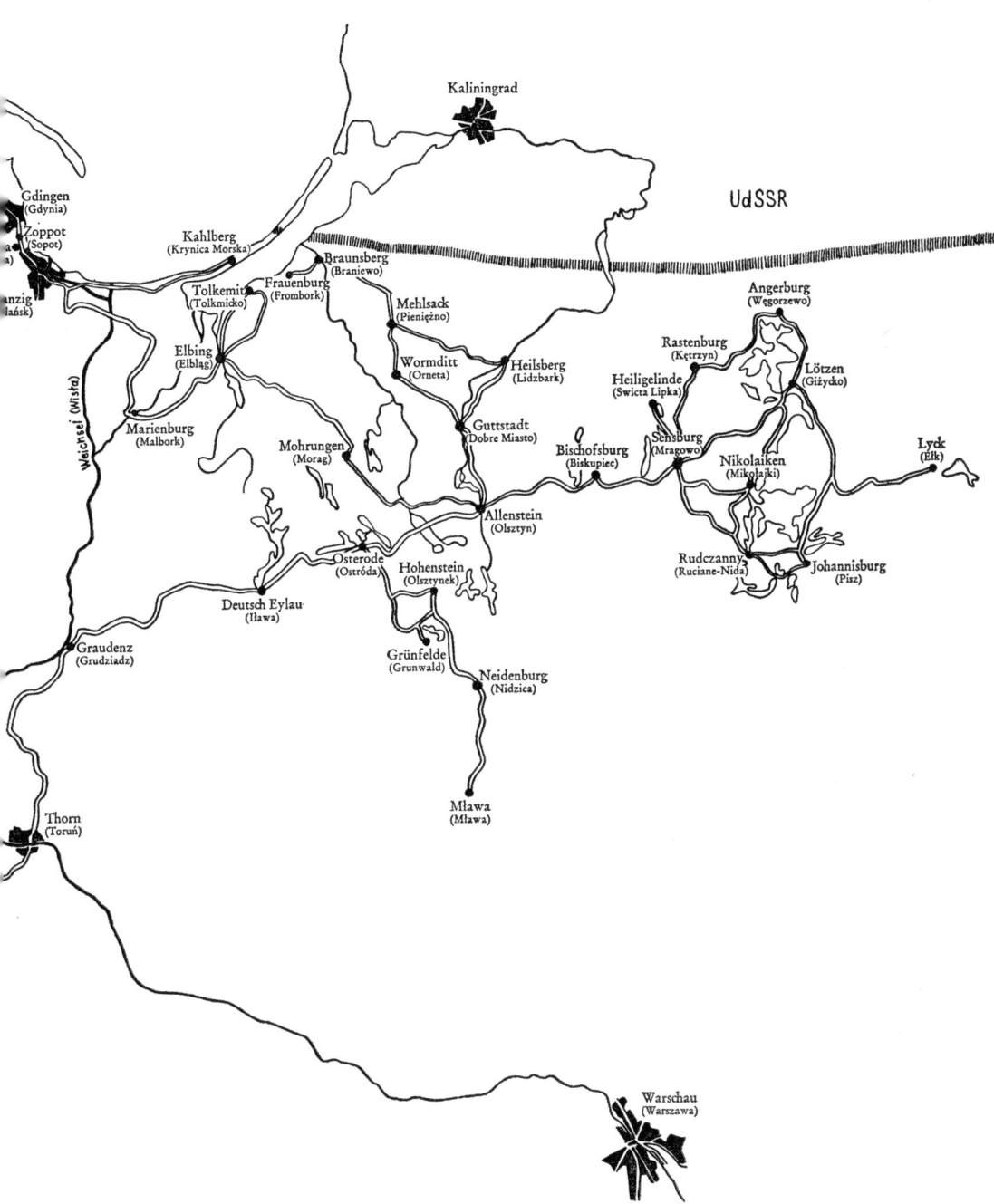

Kaliningrad

UdSSR

Gdingen
(Gdynia)

Zoppot
(Sopot)

Kahlberg
(Krynica Morska)

Braunsberg
(Braniewo)

Angerburg
(Węgorzewo)

anzig
lańsk)

Tolkemit
(Tolkmicko)

Frauenburg
(Frombork)

Mehlsack
(Pieniężno)

Rastenburg
(Kętrzyn)

Lötzen
(Giżycko)

Elbing
(Elbląg)

Wormditt
(Orneta)

Heilsberg
(Lidzbark)

Heiligelinde
(Swicta Lipka)

Weichsel (Wisła)

Marienburg
(Malbork)

Mohrungen
(Morag)

Guttstadt
(Dobre Miasto)

Bischofsburg
(Biskupiec)

Sensburg
(Mrągowo)

Nikolaiken
(Mikolajki)

Lyck
(Ełk)

Allenstein
(Olsztyn)

Osterode
(Ostróda)

Hohenstein
(Olsztynek)

Rudczanny
(Ruciane-Nida)

Johannisburg
(Pisz)

Deutsch Eylau
(Iława)

Grünfelde
(Grunwald)

Neidenburg
(Nidzica)

Graudenz
(Grudziadz)

Thorn
(Toruń)

Mława
(Mława)

Warschau
(Warszawa)

107

Fotografieren

Eine Frage, die immer wieder gestellt wird, ist: wie steht es mit dem Fotografieren? Die Mitnahme von Fotoapparaten und das Fotografieren sind in Polen selbstverständlich erlaubt. Verboten sind lediglich Aufnahmen von militärischen Einrichtungen, von Brücken, Bahnhöfen und Häfen, von manchen Industrieanlagen oder im Grenzgebiet. Trotzdem kann es manchmal Schwierigkeiten geben. Das Fotografieren von noch vorhandenen Kriegszerstörungen, besonders in den ehemaligen deutschen Gebieten, von Gebäuden, die für manchen einen besonderen Erinnerungswert haben, von uns malerisch erscheinenden Motiven, wie etwa den bescheidenen Märkten in polnischen Kleinstädten, kann zuweilen Mißtrauen erwecken aus der Annahme, der westliche Ausländer wolle nur die negativen Seiten Polens zeigen. Der dann unter Umständen herbeigerufenen Miliz (Polizei) klar zu machen, daß dem nicht so ist, ist – schon wegen der Sprachschwierigkeiten – nicht immer ganz einfach. Zum Fotografieren gehört unter den besonderen Bedingungen des Landes eben auch manchmal etwas Vorsicht und Takt.

Visum, Reisepapiere

Reisen nach Polen sind als Gruppenreisen und als Einzelreisen möglich – mit der Bahn, mit dem Flugzeug, mit dem Schiff (Fähre Travemünde–Gdańsk/Danzig) und mit dem Auto. Für die Einreise sind Reisepaß, der mindestens 6 Monate gültig sein muß, und Visum erforderlich. Autofahrer benötigen außerdem die Grüne Versicherungskarte und den Internationalen Führerschein, nach dem allerdings kaum jemals gefragt wird. Das Visum muß mit besonderen Formularen, die bei den meisten größeren Reisebüros erhältlich sind, unter Vorlage des Reisepasses mit zwei Lichtbildern bei der Konsularabteilung der Botschaft der Volksrepublik Polen (5 Köln-Marienburg, Pferdmengesstr. 30, Telefon [02 21] 38 25 35) beantragt werden. Am zweckmäßigsten und schnellsten ist der Weg über das staatliche polnische Reiseunternehmen Polorbis GmbH. (5 Köln 1, Hohenzollernring 99–101, Telefon [02 21] 52 11 85–9), das auch sonstige Auskünfte erteilt und über das Einzel- und Gruppenreisen, Hotelunterkunft, Camping-Reisen usw. gebucht werden können. Für das Visum ist eine Gebühr von DM 24,– zu entrichten.

Pauschal- und Gruppenreisen

Am einfachsten ist natürlich die Teilnahme an einer der in viele Gebiete Polens führenden, von zahlreichen Reiseunternehmen veranstalteten Pauschalreisen, weil man sich dann um die Beschaffung des Visums, der Hotels usw. nicht zu kümmern braucht. Je nach Art und Programm einer solchen Reise ist es dabei durchaus möglich, auch außerhalb der eigentlichen Reiseroute liegende Orte, etwa den früheren Heimatort, allein aufzusuchen. Eisenbahn und Bus sind in Polen billig, aber am zweckmäßigsten ist in solchen Fällen die Benutzung eines Taxis, dessen Kosten für unsere Begriffe ebenfalls nicht sehr hoch sind. Allerdings empfiehlt es sich, sich mit dem Fahrer vorher über den Preis zu verständigen.

Einzelreisen, Auto

Interessanter und eindrucksvoller sind selbstverständlich Einzelreisen, vor allem mit dem Auto, weil sie größere Unabhängigkeit gewährleisten und einen unmittelbaren Kontakt mit dem Land und seinen Menschen ermöglichen. Die polnischen Straßen sind im allgemeinen gut bis sehr gut, der Verkehr ist – außer etwa im Umland der großen Städte – wegen der noch relativ geringen Motorisierung nicht sehr dicht. Das Tankstellennetz ist, wenn auch nicht so engmaschig, wie wir es gewöhnt sind, ausreichend. Ratsam ist es jedoch, immer rechtzeitig aufzutanken, weil es durchaus geschehen kann, daß an einer Tankstelle der Kraftstoff ausgegangen ist oder sie nur Normalbenzin führt. Es gibt Normalbenzin (78 Oktan) zu 9 Zloty (1974) und Super (Etylina 94 mit 94 Oktan) zu 11 Zloty. Auch höher verdichtete Motoren westlicher Produktion können mit diesem Kraftstoff gefahren werden – man muß sich nur daran gewöhnen, daß der Wagen etwas schlechter zieht und die Zündung zuweilen klingelt. Die Zahl der Autoreparaturwerkstätten ist in Anbetracht der geringen Motorisierung noch nicht sehr hoch, steigt aber ständig. Wenn auch Ersatzteile für Wagen westlicher Produktion zumeist nicht vorhanden und im Notfall nur sehr schwierig zu beschaffen sind – polnische Handwerker sind in der Regel sehr geschickt und verstehen noch zu reparieren, was bei uns mit Ersatzteilen ausgetauscht wird.

Straßenverkehr

Die Verkehrsvorschriften entsprechen im allgemeinen den internationalen Regeln, jedoch ist die Richtungs- und Ortsbeschilderung zuweilen etwas dürftig. Eine gute Karte bei sich zu haben, ist deshalb ratsam. Straßenkarten gibt es im Maßstab 1 : 500 000 für jede Wojewodschaft (etwa einem Regierungsbezirk entsprechend), die »Mapa Samochodowa Polski« (Polnische Autokarte) im Maßstab 1 : 1 000 000, die auch die Tankstellen verzeichnet, und u. a. »Polen – Touristische Landkarte« 1 : 750 000, die außerdem zahlreiche Informationen in deutscher Sprache enthält. Zweckmäßig ist die Mitnahme der von Ravenstein, Frankfurt/M., herausgegebenen Straßenkarte »Polska« 1 : 1 000 000, weil sie für eine Anzahl größerer Orte neben der polnischen auch die frühere deutsche Ortsbezeichnung bringt.

Grenzübergänge

Die Anreise von der Bundesrepublik nach Polen mit dem Auto führt entweder durch die DDR oder die CSSR. In beiden Fällen ist ein Transitvisum erforderlich, das man bei Reisen durch die DDR an den Grenzübergangsstellen gegen Vorlage des polnischen Einreisevisums erhält und für das eine Gebühr von DM 10,– je Person zu zahlen ist. Außerdem ist für den Wagen eine Straßenbenutzungsgebühr zu entrichten, deren Höhe sich nach den jeweils benutzten Transitstrecken richtet. Das Transitvisum durch die CSSR muß man sich dagegen vor Antritt der Reise beschaffen.

Folgende Grenzübergangsstellen von der DDR bzw. der CSSR nach Polen sind für Reisende aus der Bundesrepublik zugelassen:

DDR: Pomellen-Kołbaskowo (Autobahn Berlin–Stettin), Frankfurt/Oder-Świecko (Autobahn Berlin–Frankfurt/Oder), südwestl. Forst (seit kurzem geöffnet – Autobahn Berlin–Wrocław/Breslau), Görlitz-Zgorzelec.

CSSR: Harrachow-Jakuszyce (Jakobstal/Schreiberhau – Riesengebirge); Náchod-Kudowa (Grafschaft Glatz); Těšín-Cieszyn (Teschen).

Diplomatische Vertretung

Botschaft der Bundesrepublik Deutschland, Warszawa, ul. Dąbrowcecka 30, Telefon 17 30 11, 17 82 66, 17 78 13, Telex 81 34 55 (ist auch für die konsularische Betreuung von Bürgern der Bundesrepublik Deutschland zuständig).

Ortsregister